マイケル・イグナティエフ
添谷育志／金田耕一［訳］

# 火と灰

## アマチュア政治家の成功と失敗

***FIRE AND ASHES***

*SUCCESS AND FAILURE IN POLITICS*

by Michael Ignatieff



Japanese translation rights arranged with A. P. Watt at United Agents LLP
through Japan UNI Agency, Inc., Tokyo

スザンナに捧げる、
そしてブラッド・デイヴィス、
マイケル・グリースドルフ
および
マリオ・ラグーの思い出に

# 日本語版への序文

私はこれまで日本政治の実状について知ろうと思ったことはないが、おそらく日本政治の内幕も、本書で描かれているのとかなり似通っているのではないかと思う。世界中のどこでも政治の内実は、権力を掌握し、社会を構成している諸勢力を支配するために権力を行使する、政党間および政党内部での終わることのない闘争なのだ。政治家が成功するのは稀なので、この闘争にはどこかしら哀愁《ペイソス》がただよっている。しかしこの闘争には高貴さも存在する。この闘争で成功をおさめれば政治家は、他の誰よりも同胞市民の生活を改善することができるからである。

政治とは日本でもカナダでも高潔な企《エンタープライズ》てであろうが、それはまた粗暴な事業《ビジネス》でもある。政治は通常、冷酷無情な職業政治家の領分である。彼らは若くして政治を志し、終生政治に取り憑かれている。アマチュアや部外者がリングに迷い込むこともあるかもしれない。だが、職業政治家が本領とするゲームで彼らを打ち負かすことは驚くほど困難である。私はそれを分かっているはずだった。けれども私は挑戦したのだ。

政党関係者〔「メン・イン・ブラック」――本訳書一頁参照〕が私のもとを訪れ、祖国に帰り連邦議会議員に立候補しないかと要請した一〇年前、私はハーバード大学教授職にあり、教師であり研究者だった。私は彼らの要請を受け入れ、即座に立候補して最初の二回の選挙に勝利した。その頃には、私がしようとしていることには熱気があった。私には数多くの支持者がいた。私は自由党の党首になった。首相になれるだろうとも思った。多くの人びとが私を信頼してくれた。だが私は彼らを失望させた。三回目の選挙に敗北し、今では出発地点であるハーバード大学に戻っている。本書を執筆したのは、私がなぜ権力の誘惑に屈服し、なぜ権力を獲得する闘いに敗北したのかという、その理由を描き出すためである。

では、なぜ読者は負け犬が政治について書いた本を読もうとするのだろうか？　人生において学ぶに値する教訓を教えるのは勝者だけではないのか？　私はそうは思わない。政治とは、勝利よりも敗北をめぐるものであることの方が多い。投票用紙にふたりの人物の名前があれば、かならず一方は敗北するのだ。

政治についての正直な書物は失敗について語らねばならない。成功する者たちでさえけっして失敗の味を忘れはしない。チャーチルはそうだったし、ビスマルクもそうだ。彼らは自分が無くてはならない存在だと考えていたが、その後で、そうではないことを知ったのである。政治家としての命脈が尽きる瞬間、有権者がもううんざりだと思い、人気《ひとけ》のない家と誰からもかかってこない受話器の前へとあなたを連れ戻す瞬間、そういう瞬間はいつでもやって来るのだ。職業政治家ほど、敗北が苛酷で、みんなに知られ、絶対的である職業はない。ある日あなたにはスタッフがいて、たぶん自動車と運転手、小奇麗な家があり、人びとをあなたの一語一語に耳を傾けさせ、一喜一憂させるような権力がある。ところが翌日になって有権者があいつはダメだと叫びだすと、かつては友人だと思っていた人びとも遠ざかり、あれほど長いあいだ夢見てきた権力も奪われ、もう一度公職に復帰するために戦うのか、それとも新しい生活を見つけるのかを決断しなければならない。だから読者の皆さんが政治の世界に参入しようと考えているのなら——そして私はそうであることを望む。本書はそういう読者のためのものなのだから——本書はあなたを立候補させようと説得する際に、ほとんど誰も語ろうとはしない現実をめぐるものである。本書は私が政治の世界に足を踏み入れたときに、誰ひとりとして語ってくれなかった事柄についての書物なのである。

敗北についての私の忠告は、「克服せよ」である。敗北への恐怖を振り払いたまえ、そうすればあなたは「大胆さ」という政治生活においてきわめて有益でありうる資質を獲得するだろう。ほとんどの人は政治生活を慎重に、自分が尊敬できない人もいつの日にかあなたを恐れなくてはならなくなると思いながら、そういう人びとにも気に入られようと過ごしている。権力への階段を昇りながらあなたはいつでも、無と無意味に、後にしてきた日常生活へと真っ逆さまに転落するのではないかと怯えているのだ。

私が確信しているのは、ほとんどの人びとが政治の世界に参入するのは金持ちになるためではないということである。なぜなら金持ちになるためのもっと簡単な方法はいくらでもあるからだ。そうではなくて人びとが政治の世界に参入するのは、記憶されるため、そして意味のある存在であろうとするからなのだ。彼らの心の瞳には、ある学校に自分に因んだ名前が付けられ、自分の経歴が教科書の一行か二行で触れられる、そんな日を待望するかすかな輝きがやどっている。この種の野望、意義のある存在へのこのような渇望をあざ笑うことはたやすい。しかし私にはデモクラシーがこのような野望なしに生き延びることができるとは思えないのである。

政治生活とは、その最中にあるあいだは、あなた自身が無意味な存在になる恐怖から逃れられる壮大な避難所である。あなたが入って来るだけで部屋が静まり返り、あなたが上座につくとテーブルを囲んでいた人びとがいっせいに起立する、そんな瞬間で満ち溢れている。それこそが権力へと登り詰めるにつれて、あなたの生きがいになる瞬間なのだ。だがそういう瞬間を享受しているときもずっと、あなたは無意味な存在に戻ってしまうのではないかという恐怖に怯えている。だからここで忠告を一言。もっともすぐれた政治家、人びとが記憶にとどめる政治家は、恐怖を知らない、なぜなら彼らはもはや敗北することを気にしないからだ。敗北したらもう一度挑戦するだけだ。彼らはけっしてあきらめない。これこそが、政治の世界に足を踏み入れるだれにであれ、私が語りたいことである。あきらめることなかれ、失敗を恐れることなかれ。

失敗することを恐れないならば、成功することを恐れることもなくなるだろう。私がいおうとしていることを今すぐに理解するのが困難ならば、本書の頁を繰ってほしい。最後の頁を読み終えるまでには、私がいおうとしていることを読者の皆さんが理解してくれると思っている。

二回の選挙に勝利し、——人口の点ではないにせよ面積の点では——世界最大のデモクラシー国家における一政党の党首になったけれども、私は首相にはなれなかった。そういうわけで読者の皆さんは、最高権力を行使すること、部屋のなかでたったひとりでなにをなすべきかを決定しなければならない人物であることの重荷に耐えること、そういうことについて本書から学ぶことはないだろう。私はそういう瞬間を生きるために生きた。だがそれは実現されなかった。なぜなら有権者は私よりも情け容赦のない、おそらくはもっと粘り強く、決断を下さねばならない人物であることを恐れないような男を選んだからである。

その代わりに本書は、選挙で勝利できる機構として政党を再建すること、一致結束させること、派閥争いにふける連中に対して、一致団結しないならば別々に縛り首になる〔『独立宣言』に署名する際のフランクリンの言葉〕ということを思い起こさせること、そのありのままの姿についてのものである。とりわけ本書は、他の誰もが信じてくれないときに、自分自身を信ずる闘いについてのものなのだ。政治において本当に困難なのは自分を信ずることであり、あなたが最初にリングに立ったときに抱いていた自分自身についてのイメージを保持することである。報道機関は悪意に満ちていることもある。それは彼らの罪ではない、思ってもみよ、それは彼らの仕事なのだ。間違いを犯すと、そして政治において間違いはどうしても避けがたいのだが、そうした間違いによってあなたは街中の酒場で物笑いの的になる。人前に出るといつでも、あそこを負け犬が歩いていると人びとが思っているのが分かる。政治家がこれを克服するには、気にしていないというふりをするだけでは十分でない。本当に気にしないようにしなければならない。真の政治家たる者は報道機関が自分について書くありとあらゆるものを読み、テレビで口にするありとあらゆるものを視聴するが、それを個人攻撃だと受けとる間違いを犯しはしない。彼は外面の自分と内面の自分とのあいだに壁を造り、内面の自分を守り、誇りを保ち、誰にも手出しできないようにするのだ。間違いについて重要なのはどのようにしてそれを正すかであることが、彼にはわかっている。本当の政治家というものは、あらゆる批判、あらゆる攻撃を好機として理解するようになる。時宜を得れば情勢を一変させ、真相を明らかにして、非難する者にやり返すのだ。本当の政治家は何事であれ個人攻撃としては受けとらずに、ひたすらやり返す機会が来るのを待つのである。

これまで述べてきたことをすべて私は学ばねばならなかった。うまく学んだとはとてもいえないが、議会の通路を隔てた敵味方のかつての同僚たちはすでにこれらの教訓を学んでいたのであり、私はようやく彼らに感謝できるようになった。彼らが示してくれた同志愛、これまで耳にしたことのない歓呼の声、落胆することを断固として拒否する態度、立派に戦い抜くことへの正真正銘の愛、これらのものにその教訓は示されている。ハーバードに戻った今、私は学生に対して政治において戦いへの愛は政策への愛よりも重要だと語っている。なるほど好ましい政策はいつでも重要である。なぜなら結局のところそれこそがあなたの存在理由――あなたを選んだ人びとの暮らしを改善すること――なのだから。ところが日ごとに政治というものは現実に、ますます闘いそのもの、恥も外聞もなく権力を求めて戦うこと、急所の脇腹をガードすること、部隊を糾合すること、戦いの場で有利な立場を確保すること、あるいは待ち構えて不意打ちをくらわすこと、さらには勝利のためとあらばどんな代償も支払うことを恐れないことになりつつある。ところでいうところの代償は、いつでもあなたが考えるよりもずっと高価なのだ。

大半の人は政治についてのこの事実――絶え間ない戦い、侵略、攻撃、政治とは秘密結社に入会した者だけに開かれたいかがわしい血まみれのスポーツだという感覚を好んではいない。こうした理由から私は、日本では大半の人が、とくに若い人びとが政治家を低く評価しているのではないかと思う。近頃はデモクラシー諸国において、ほとんどの政治家が不評をかっている。この事態を改善するためになしうることはあまりないように思われる。政治は紛れもなく汚くて、情け容赦のない、好戦的な仕事であり、臆病者には向いていないのである。

人びとは、それでもあなたは政界に復帰するつもりはあるのかと、私に尋ねる。私はいつでもイエスと答える。わが国に必要なのはなによりもすぐれた政治家、人生について幻想を抱くことなく、理想主義すなわち自らが属する共同体を改善する功績を後世に残したいという願望を失うことのない男女なのだ。私たちが直面している諸問題――気候変動、不平等、残酷さ、不正義――は、このような政治家なしには解決されないだろう。私たちには実際的で、粘り強く、野心的な男女、様々な不測の事態にも対処できる才覚の持ち主、これらの難題が私たちを丸ごと押しつぶしてしまわないようにするための最後の砦が必要なのだ。そのために必要な資質、規律、野心をそなえた男女を、政治の世界への新規参入者として今後迎え入れることがなければ、私たちが抱える問題は悪化し続けるだろう。そもそも私たちのデモクラシーという仕組みに付随する政治的闘技場《アリーナ》のなかに、それらの問題を収めておくことさえ不可能になりかねない。それらの問題は街頭に流れだし、抗議運動や暴力を巻き起こし、人びとが権威主義的解決を求めるように仕向けることにもなりかねないのだ。私たちは政治よりももっと性質《たち》の悪いものが現に存在していることを銘記する必要がある。すなわち政治の不在である。指導者たちが政治の世界を封鎖し、彼らなりのやり方で、必要ならば強制力を行使して問題を解決すると人びとに語るとき、どんな事態に立ち至るかを理解するためには、うんざりするほどの実験を積み重ねてきた。私たちは政治を作動させつづけなければならない。なぜならデモクラシーを作動させつづけたいと思っているからである。デモクラシーが提供するのはいつでも、権威主義的代替物が提供するよりも緩慢で、不完全な解決策であろう。けれどもそれがどんなに不完全であろうとも、すくなくともこれらの解決策は私たちの自由を犠牲にすることはない。もしそうであるのならば私たちに必要なのは、見いだすことのできるもっともすぐれた人びと——夢をもちつづける人、物事を楽観的に考えることができる人たち——に対して、公共生活というコストのかかる冒険に乗り出すチャンスに挑戦してみないかと説得することである。私は自分のチャンスに挑戦した。成功はしなかったけれども、伝えたいいくつかの教訓は学んだ。本書の読者の皆さん、とくに若い読者に望むのは、あなたがた自身も挑戦してほしいということである。本書で私がのべていることが実際に行なったことよりも幾分なりともあなたがたの手助けになれば、私の努力はけっして無駄ではなかったのだ。

［訳者付記］

この「日本語版への序文」が訳者の手許に届いたのは、二〇一五年一月一六日である。一読して、バーナード・クリックの名著『政治を擁護して』を思わせる「政治」と「政治家」への情熱的な賛歌、「政治という世界」へ新規参入しようとする若い人たちに対する渾身のメッセージに深く感動したことを書き添えておく。もうひとつの締め切りを抱えながらも、この文章を執筆していただいたマイケルには感謝の言葉もない。

なおこの序文が添付されたメールによれば、イグナティエフは「Carnegie Council on Ethics in International Affairs」主催のセミナー出席のために、本年六月に来日するとのことである。

## 目次

# 謝辞

ひとは誰でも全力で支えてくれるチームがなければ、政治の世界では進退窮まってしまう。最初は赤の他人だったが最後には友人になったチームに対して、衷心より感謝を捧げたい。そのチームの誰かの名前を挙げるのを忘れていたら、どうかご容赦願いたい。

アルフレッド・アプス、ダン・ブロックそしてイアン・デイヴィーは私を政治の世界に導きいれた。デイヴィッド・スミス上院議員と活力に満ち溢れた彼のアシスタントであるジェン・ハートリーは、私の党首選挙運動に際して、党員総会での支持をとりまとめてくれた。元首相のポール・マーティンとジャン・クレティエンは私に助言してくれたが、今にして思えば、そのなかには私が留意すべきだったものがある。ビル・グラハムは二〇〇六年末まで自由党を上手く導いた。ピエール・トルドー政権の大臣だったマルク・ラロンドとドナルド・S・マクドナルドは、ロバートとエリノア・カプラン夫妻、デイヴィッドとペニー・コレネット夫妻と同様に、彼らの経験という恩恵に浴する機会を与えてくれた。エイドリアン・マクドナルド、キャロライナ・ガロそしてナンシー・コールドハムは、デイヴィッド・ライトとラリー・ハーマンと同様に、困ったときにはいつでもそばに居てくれたように思う。サチン・アガーワル、アレックス・レヴィン、マーク・サカモトおよびレスリー・チャーチは、私の党首選挙運動を展開する法律家と学生から成るチームの中核だった。ミルトン・チャンはデータ屋の連中のひとりであり、トム・アリソンは影の実力者《エミネンス・グリゼ》だった。ベス・ハーシュヘルドは戸別訪問チームを指揮・監督してくれた。ポール・ヴィオラはロー・スクールに入学するためにチームを離れるまで、一緒に街頭を歩いてくれた。マーク・シャリフォーは二〇〇六年に私の個人的アシスタントだった。エルヴィオとマーレーネ・デルゾット夫妻は資金集めをしてくれただけでなく、後ろ盾になってくれた。二〇〇六年の党大会のためのビデオチームを監督していたエイブ・シュワルツとは、その後親友になった。マリー・カンサーは私のエトビコーク－レイクショアーでの実にタフな選挙区秘書だった。アーマッド・コナントは私の公式エージェントだった。ジェイミー・マロニーは私の選挙区の代表者だった。彼の母親であるマリオン・マロニーが、もっと多くの女性を選挙運動に参加させるべきだと熱弁を振るうその口調が、まだ耳について離れない。キャシー・コトリス、アンネッタ・ジュエル、ナターシャ・ブロンフマン、ジル・フェアーブラザー、マーチ・ローズおよびコニー・ミカレフは、エトビトーク－レイクショアー・チームの中心メンバーだった。州議会議員のローレル・ブローテンとは選挙区が一緒だった。ジェフ・キーホーは激しい雷雨の中、私を乗せて南オンタリオ周辺を飛行して、夜遅くに小さな滑走路に着陸した。ニュー・ブランズウィックの道路でのポール・ゼッドの華麗な運転には、震え上がった。スティーヴ・メガネティはポスター貼りで、「ぼくの政党を返してくれ」と言った。ケヴィン・チャンは私のために政策を執筆したせいで、プリヴィ・カウンシル・オフィスでの有望なキャリアを棒にふってしまった。アダム・ゴーデンバーグがスピーチを書いてくれたのだが、愚かにも私はそれを手直ししようとしたのであった。ピーター・ドノロは選挙参謀として働き、パット・ソッルバラ、ヘザー・チアソンそしてジャン・マルク・フルシェとともに二〇〇九年以降、私の事務所を運営してくれた。パトリック・パリソはその政治的・外交的経験を党首事務所で有効に発揮してくれた。サラ・ウェルチは円滑に運動を続けられるようにしてくれた。ジェレミー・ブロードハーストは魅力的な冷静沈着さで庶民院の仕事をとり仕切ってくれた。ブライアン・ブフニッキーとマイケル・マクネアは二〇一一年の総選挙向けの公約を起草する手助けをしてくれた。ケーシー・アントラク、ダン・ランガー、デイヴ・リッチーおよびジム・ピンブレットは、私を地方遊説に送り出した。ガビン・メンジースは「皆さんは夢を生きている」と私に連呼させた。マーク・ジェンドロン、ゴシア・ラダチンスカヤそしてジョーダン・オーウェンズは、私たちのソーシャル・メディア・チームを率いてくれた。リチャード・マクシメッツは西部地域のオーガナイザーだったが、けっして喫煙《や》を止めようとはしなかった。マット・スティックニーは楽しむことを忘れなかった。そしてマイク・オショーネシーは群衆を押し返しながら後ずさりすることに習熟した。

トレヴァー・ハリソン、クリチアン・プロヴェンザーノおよびリール・ルーイスは副党首として私を支え、二〇〇七年一二月のチョーク・リヴァー核施設の危機に際して寝食をともにした。

ジョシュ・ドラチェ、エクスピー・カストゥーラそしてジェリー・ペティットはストーノウェイの住居に暖かく迎え入れ、二年半にわたりそこを避難場所にしてくれた。ジェーン・ケネディはスザンナと私を愛情込めて見守ってくれた。スコット・コードは、私たちがゆくべき場所へと赴くための方法をどのようにして見いだすかを、いつでも知っていた。

自由党の執行委員長イアン・マッケーは、困難な時期をとおして立派に党運営をしてくれた。

庶民院は権威ある場所だということを私が忘れそうになるといつでも、議会守衛ケヴィン・ヴィッカーズがそれを思い起こさせてくれた。議長のピーター・ミリケンは勇気をもって議会の特権を擁護した。庶民院における自由党の立法活動の指導者であるリチャード・ウォキッドもまた、庶民院を愛していたがゆえに、筋萎縮性側索硬化症との壮絶な戦いに敗北することになった。

二〇〇六年から二〇一一年までの間自由党の議員席で私に仕えてくれた庶民院議員と上院議員は、毎週水曜日に開催される議員総会で政治の教訓を授けてくれた。そしていつも私たちは、国中の選挙区でともに働いたのだった。私はまた、二〇一一年の総選挙で党首の私の下で立候補したすべての候補者にも感謝したい。

オリヴァー・ダッチェスノー、ブリジット・ルガルト、ロベール・アセラン、ポール・ライアン、マルク＝アンドレ・ブランシャール、ジャン＝マルク・フルニエおよびルシエンヌ・ロビラールは、ケベックの政治を私に理解させようとして全力を尽くした。ドワイト・ダンカン、ドン・ガイおよびアイリーン・キャロルは、オンタリオにおいて同様な努力をしてくれた。メアリー・マクラフリンがいなければ、オンタリオのロンドンを訪問することは不可能だった。オンタリオ州知事のダルトン・マギンティは、私にこう語った。「政治において問われる価値のある問いは、ふたつしかない。勝つつもりはあるのか、そして敗北する覚悟はあるか」と。ケベックの州知事ジャン・シャーレは政治における本質的な言葉は「忍耐、ムッシュー・イグナティエフ、忍耐です」と私に語った。ニューファウンドラウンドではポール・アントレがチームを組織して、階下の寝椅子で私を休ませてくれた。ノヴァ・スコシアではジムとシャロン・デイヴィス夫妻が、勇気で心を奮いたたせる実例を示してくれた。ジムの息子ポールはアフガニスタンに従軍して戦死したのだった。サスカッチュワンではリチャードソンとマーチャント一家が誠心誠意支援してくれた。アルバータではグラント・ミッチェル、ジョアン・ボウラッサとダーリー・フリードハンドラーが頑張ってくれた。ブリティッシュ・コロンビアではいつもキースとマリー・ジェーン・ミッチェル夫妻から、慰めを得ることができた。ゴードンとキルビー・ギブソン夫妻とその娘さんたちは、アドヴァイスをしてくれるとともに勇気を奮い起こさせてくれた。デイヴィッドとブレンダ・マクリーン夫妻はともに気前よく歓迎してくれた。ジャティンデルとロージー・ライ夫妻は、ブリティッシュ・コロンビア州の低地メインランドにあるすべてのコミュニティの優れたガイドだった。

保守党のマイケル・チョン、新民主党（NDP）のピーター・ストッファーそしてケベック連合のジル・

ジュセップは、党派が違っても礼節ある振る舞いをすることが庶民院でも可能なことを実証した。『ラ・プレス』のアンドレ・プラット、『トロント・スター』のスーザン・デラコート、『グローブ・アンド・メール』のジョン・イビットソンとマイケル・ヴァルピー、および『カナダテレビ《CTV》』のクレイグ・オリヴァーは、ジャーナリストでも信頼を守り裏切らないことができると示して見せた。マイケル・レヴィンは私が陥っている危険について警告しようとしてくれたが、私はそれに耳を貸さなかった。

クリス・ブレッドとジャーミー・キャメロンは、すでにだれもいなくなった敗北の夜に訪れて、話し相手になってくれた。キルステン・ヴァルグレンとロブ・リーマンは、私たちがそれを一番必要としていたときに、アムステルダムでの短い休暇を提供してくれた。さらにバーナード・ハイティンクとサイモン・ラトルの音楽は崇高な霊感を与えてくれた。

私の五年間にわたる政治生活での友人でありライバルだったボブ・レイは、党首としての私の下で忠実に仕え、また自由党暫定党首を務めた。

ロブ・プリチャード、ジョン・フレイザー、デイヴィッド・ネイラーおよびジャニス・グロス・スタインは、政界から退いた以後の収入を得る職業を見つける手助けをしてくれた。デイヴィッド・エルウッド、アイリス・ボーネット、アーサー・アップルボームとその他の多くの同僚は、私がケネディ・スクールに復帰するのを歓迎してくれた。

ペンシルヴァニア大学ロー・スクールの学部長は二〇一二年に開催された「法と政治における当事者適格性」という題名の「J・ロバーツ記念講演」に招いてくれた。ブレンダン・オリアリーはその講演について有益なコメントをしてくれた。ピーター・フロレンスは二〇一二年に開催された「ヘイ・フェスティヴァル」での「政治と文学に関するレイモンド・ウィリアムズ講演」に招いてくれた。「スタンフォード大学人文学センター」は、二〇一二年に開催された「敵と対抗者——政治における党派性」と題する「会長レクチャー」に招いてくれた。さらにヘブライ大学にある「合理性研究センター」は、二〇一三年に開催された「合理性と政治」と題する「エドナ・ウルマン＝マーガリット講義」に招いてくれた。「DPI-205〔ドクタープログラム二〇五〕——責任と代表——」を受講しているケネディ・スクールの学生諸君は、本書で言おうとしていることを理解する手助けをしてくれた。名誉なことに、二〇一三年六月に代表と責任に関する「タナー・レクチャー」を依頼してくれたオックスフォード大学リナカー・コレッジに感謝したい。

出版エージェントA・P・ワット社のデレク・ジョーンズは、他の人が気づかなかった本書の要点を理解してくれた。ハーバード大学出版局のイアン・マルコムとランダムハウス・カナダのポール・タウントンはデレクの考えを共有してくれ、さらに編集作業によって本書をより優れたものにしてくれた。

私の弟アンドリュー・イグナティエフは本書に描かれたような政治的遍歴をすることに果たして賛

成していいものかどうか疑問を抱いていたが、この道を進みはじめた私を事あるごとに支えてくれた。

本書は三人の人物を追悼するものである。若手の法律家ブラッド・デイヴィスは、二〇〇六年の選挙運動で活躍してくれたが、癌のために亡くなった。マイケル・グリースドルフは二〇〇六年に一緒に戸別訪問をしたが、二〇〇八年に亡くなった。私の事務所の広報ディレクターだったマリオ・ラグーは、二〇一〇年八月に事故のために亡くなった。私は彼ら三人に対して哀悼の意を表する。

そもそもの初めからともに暮らし、あの政治的遍歴の全行程をともに歩み、今でもともに暮らしているひとりの人物、妻スザンナ・ゾハーに本書を捧げる。

# 第一章　傲慢

二〇〇四年一〇月のある夕べのことだった。これまで顔も合わせたこともない三人の男――後に「メン・イン・ブラック」と呼ぶことになった――が、マサチューセッツのケンブリッジに到着した。彼らは妻のスザンナ・ゾハーと私をディナーに連れ出した。私たちはチャールズ・ホテルで面会した。そこは私が人権と国際政治を教えていた「ケネディ政治行政学院」のすぐ近くにある。トロント在住の法律家アルフレッド・アプスが一団のリーダーのようだった。彼は能弁で、タバコの灰をまき散らし、グラスからワインを飲み干しながら、会話の場をとり仕切った。ダン・ブロックは都会的な人物で英語を話す、物腰の丁寧なモントリオール市民であり、トロントに大規模な法律事務所を持っていた。第三の男は濃い眉の下に深くくぼんだ目をした、作家でありかつ映画製作者でもあるイアン・デイヴィーだった。彼は重鎮と呼ばれた上院議員キース・デイヴィーの息子で、多くの伝説的な全国キャンペーンで自由党を勝利に導いたマネージャーだった。一、二杯飲んだ後でアプスが話の核心に触れてきた。カナダに戻って、自由党から立候補するつもりはありませんか？

当時自由党はオタワで政権に就いていた。それで私は首相のポール・マーティンがあなた方を派遣したのかと尋ねた。彼らは目配せをした。いやそうではない。メン・イン・ブラックは自発的に活動しているようだった。彼らは党外からの立候補を提唱していて、自分たちの念願はいつの日にか私を首相にすることだと、ずばりと語った。ダン・ブロックは、「自由党は列車転覆に向かって驀進している」と言った。新しい党首がいなければ、自由党は次回選挙で敗北するだろう。彼らはチームを結集しようとしていた。若手はわれわれの旗の下に結集する。私のための議席を見つけ出し、次の二年の間に実施される予定の次回総選挙で勝利する手助けをする。少なくともそのことを考慮してもらえないだろうか?

それは驚くべき提案だった。私は自分自身をカナダ人以外の何者でもないと考えていたが、三〇年以上にわたりカナダには住んでいなかった。それ以前にはケンブリッジ大学「キングズ・コレッジ」のフェローであり、英国のフリーランスの著作家であり、今ではハーバードの教授職にある。確かに私は一九六八年に首相であったピエール・トルドーの選挙運動で働いたことがあり、生まれてこのかたずっと政治家を観察してきた。だがいったい誰が、政治的著作を書いた私に政治家になる資格があるなどと考えたのだろうか? 私は一介の知識人であり、つまりは理念を生きがいとして、おしゃべりと議論という無邪気な、そしてときにはそれほど無邪気ではない楽しみを生きがいとする人物なのだ。私はいつでも政治の世界に転身した知識人たち――ペルーのマリオ・バルガス・リョサ、チェコ共和国のヴァーツラフ・ハヴェル、メキシコのカルロス・フェンテス――を称賛してきたが、彼らの多くが失墜したことを知っていた。いずれにせよ厳密には彼らの仲間ではなかった。(1)

メン・イン・ブラックの提案は信じられないようなことだった。彼らが言ったことは約束されたことなのかどうかも分からなかった。食事が終わって彼らがトロントに帰るとき、お話について考えてみましょうと、なんとか言えただけである。

スザンナと私は秋の暗闇の中を、チャールズ川の岸に沿って黙って自宅に帰った。私には優秀な学生とともに傑出した同僚がいた。だから私たちはふたりとも合衆国で、自国にいるように寛いでいるとまでゆかないが、快適に暮らしていた。しかしいったい何と言ったらいいのだろう――遅ればせの愛国主義？露骨な野心？大物になりたいというずっと押さえつけてきた切望？それらが心の拠り所を揺らがせたようだった。私の中に湧き起ってこなかったのは、笑いだった。笑い飛ばすべきだったのだ。そのアイデアは馬鹿げていた。いったい誰が、私が政治家になるなどと考えただろう？

本書はなぜ私が――その後すぐに、また何人かの親友の優れた判断に抗して――メン・イン・ブラックに対してイエスと言ったのかについての物語である。それは厳しい入会儀式に始まり、物理的サイズでは世界で最も広大なデモクラシー国家における政治の頂点に登り詰めようとするまでの物語である。本書で私は以下のことを説明したい。すなわち、その他の点では分別ある人物が、夢のために自らの生活を根底から一変させることがいかにして可能だったのか、あるいはもっと容赦ない言い方をすれば、なぜ私のような人物が手もなく傲慢に屈服したかの説明である。

本書は習作的自伝というよりも、分析的回顧録の色合いが強い。私は自分自身の物語を、籾殻から小麦を選りだし、天職としての、生き方としての政治の特異性を追求するために利用したい。私は政治生活を頭のてっぺんからつま先まで満喫したし、滅入りそうな時期があったにもかかわらず、今でもその生活を懐かしく思っている。ホールにひしめく四〇〇〇人もの人びとに話しかけ、瞬く間に彼らの心をわしづかみにするということがどういうことかを知った。いやそう思っていただけかもしれない。反感を抱いている群衆に向かって話しかけ、冷酷な猜疑心の波がどの顔からも放射される瞬間がどのようなものであるかも知った。私たちの大義に共感する何千もの人びとからの忠誠心のうねりを感じたこともあり、少数の陰謀家に裏切られた痛みを経験したこともある。自分が出来事を作りだしたりそれに影響を与えたりしていると感じたときもあれば、出来事が自分のコントロールできなくなる様子を為すすべなく眺めていることもあった。私は得意の絶頂も知った。そのときには国民のために偉大な事業を達成できるのでないかと考えたものだ。だが今では、自分には永遠に何も成し遂げることはできないのではないかという後悔を抱いて生きている。要するに、精一杯の人生を送ったのだ。その経験に対してそれなりの代価を支払った私は、権力の火炎を追求した挙句に、希望が次第についえて灰になるのを見たのだった。

灰はつまらない残りものだが、それなりの使いみちがある。私の父と母は我が家の西向きの壁に沿ったバラの肥料にするために、暖炉の灰をバラの根元に敷き詰めたものだった。両親はとうに亡くなったが、毎年夏になり彼らが丹精したバラが咲く頃になると、私が今でも冷え切った火から灰をかき集めてバラの根元に敷き詰めているからだと考えるのが好きだ。

私の経験という灰が、誰かの庭の肥料として混ぜ込まれるのを、私は希望している。政治という闘技場での五年間から私が学んだものが、次のような人びとに向けて語りかけることを、私は希望している。かつての私のように、通学の途中に独り言のようにささやかなスピーチをし、政治的栄光を夢見た子供が、成人して子供時代の夢を実現することになった、そのような人びとに向けてである。政治を愛する――私が今でもそうであるように――者は誰でも、他者が自らの夢のために生きるのを励ましたいと思っているが、それと同時に、他の人たちには私よりもしっかり準備して政治の争いに加わることができるよう、力になりたいとも思っている。私はそういう人びとに、成功するとはどういうものなのかを知って――感じて――欲しいが、失敗するとはどういうものなのかも知って欲しい。そうすれば、成功と失敗の両方を恐れることがなくなる。

本書は政治と政治家を讃えるものである。政治を経験した私は、政治家という種族に対する尊敬の念を新たにし、また市民の良識に対する信頼を再確認した。政治的キャリアをしくじった者からこんな言葉が語られることが不思議に、あるいは不正直にさえ聞こえるとすれば、失敗にはそれなりの取り柄があるのだと答えたい。私にはそれほど上手くゆかなかったが、政治生活を今は讃美する権利を私は獲得したのだ。

　今日のデモクラシー政治にはきわめて多数の誤りがある――少なくとも誤っていると私には思えるものがある――ので、デモクラシーの理想の正しさについては容易に忘れ去られるのだ。その理想とは、普通の男女が自らの名において統治する人びとを正当に選ぶことができるという信念、そして選び出された人びとが正義と共感をもって統治することができるという信念であり、その信念がたえず現実によって検証されているということである。デモクラシー政治について書くことの難問は、その理想への信念を放棄することなく、その現実を厳しく見つめることである。私はその信念を胸に抱きながら生きてきたのであり、本書は、今もなお私とともにあるこの信念への信仰告白なのだ。

# 第二章　野望

政治の世界に足を踏み入れるときにまず知らなければならないのは、なぜそうするのかということである。なぜそうするかについての説得力ある理由を誰にも示すこともできないままに、いかに多くの人びとが政治の世界に足を踏み入れているのか、それを知れば驚くだろう。しかし、この「なぜ」こそが彼ら――有権者、新聞およびライバル――が発する最初の問いであり、成功するか失敗するかはそれにどう答えるかにかかっている。本当の理由は自国を率いたいということであるかもしれない。なぜならその仕事には、飛行機、家、命令に従う官僚、さらには拳銃を携えイヤホーンを付けたスーツ姿の男女の警護官がついてくるからである。あるいは本当の理由は、権力にあこがれて国民の未来を掌中に握るスリルを満喫したいということであるかもしれない。後世に名を残すことを願っているのかもしれない。あなたは有名になりたい、歴史書に名をとどめたい、あなたの名を冠した学校ができ、肖像画を議会の神聖なホールに掛けてほしいと思っている。あるいは過去と決着をつけたいということかもしれない。あなたのことを大した人物ではないと言った連中に思い知らせたいと思っている。

あなたはこんなことは一言たりとも口にしたくないだろう。政治においては、率直に心情を語っても、見返りなどほとんどないからだ。あなたが口にするのは――いつでも――何かを変えたいということである。それを可能にするだけの経験が自分にはあると、そうあなたは信じている。こうした回りくどい表現は、デモクラシーの礼儀であり、人民主権に対するお決まりの挨拶である。あなたが変えたいのはあなた自身の生活であって、国民の生活ではないのではないか、国民はそう思うかもしれない。だが彼らが聞きたがっているのは、政治の世界に入るのは国民のためである、というあなたの言葉なのだ。

この手の偽りにはそれなりの利益がある、と考えてみるのは価値がある。見せかけはちょっとした偽善として始まり、政治家の第二の天性となって終わる。奉仕しているふりをすることによって、実際に奉仕していることに驚かされるだろう。それどころかおよそ政治家として生き延びようとするのなら、いくばくかの奉仕精神を身につけなければならない。政治は天職であるという感覚を獲得しないかぎり、自分でも気づかぬうちにゆっくりと金目当ての政治家になってしまう。政治家の仕事というものは、時にはそれほどに割の合わないものなのである。

「メン・イン・ブラック」の申し出を検討するにあたって、何よりもまず決めなければならなかったのは、なぜ私は首相になりたいのかということである。誤解のないようにしておこう。首相になるということが、申し出の条件だったのだ。私はカナダに戻り、下院議員選挙に勝利し、さらには好機が到来したら権力を掌握することになるのだろう。だがそもそもなぜ私は権力を欲しいと思ったのだろうか？　私には政治が天職であるという感覚がほとんどなかったし、なぜ高い地位が欲しいのかという問いに対して気の利いた答えを持ち合わせてもいなかった。私を最も惹きつけたものは、これが傍観者であることを止《や》める機会だということだ。私はこれまでの人生を、スタンドでゲームを眺めて過ごしてきた。今こそ競技場に足を踏み入れるときだ、そう私には思われた。だがこれは自分自身に向けて語る類のことであり、説得しようとしている人びとに向けて語るものではない。私はこのことをすぐに思い知らされることになる。二〇〇六年の夏、自由党党首選の最中のことだった。電力会社の白亜のダイニングルームで、モントリオールの実業界の面々の前に立った。実業界のリーダーは、なぜ私が首相になりたいのかを一言で説明してはくれませんかと、私に尋ねた。その問いに私は不意打ちをくらった。それは国が与える仕事の中でも最も困難な仕事だと、そう私は答えた。私は、自分がその試練に打ち勝つことができるかどうかを知りたかったのだ。

　政治においては真実をうっかり口にすることほど、面倒に巻き込まれることはない。私の答えを聞いた聴衆に広がった冷ややかな空気を私はいまだに思い出すことができる。聴衆は実業界の面々であり彼ら自身がリーダーであるので、私の実存を賭けたチャレンジに資金提供することなどにはなんの関心ももっていなかった。選挙に勝利して権力に近づけさせてくれる誰かを、彼らは支援しようとしていたのだ。

私がその際に学んだのは、私の政治生活は何を目標とすべきかという根本的問いに対して、間違った答えを出していたということである。その後、政治の頂点への登攀は冒険などではなくなり、生き残りを賭けた闘争になった。そのときになって、そもそもなぜ政治家になろうとしているのかという問いに説得力ある答えをもつことがいかに重要であるかを学んだのだった。実のところ実存を賭けたチャレンジという言い方は厳密にはディレッタント向きのものである——まさにディレッタントにすぎないと私は非難されたのである。

二〇〇九年の九月から一二月の間の時期をよく覚えている。その時期に自由党の党首であった私は、多くの間違いを重ねた。報道機関は情け容赦なく、私自身のスタッフは世論調査での支持率の急落に激しいショックを受けたために、まともに目を合わせることさえできなかった。下院の議場へと入って毎日繰り返される「質問時間《QP》」の苦しい試練の前に、私を袋叩きにする自信たっぷりの与党議員と顔を合わせなければならなかった。そんなときには、トイレに飛び込んで鏡に映った自分を見つめて、その仕事をやりたいのだと無理やり自分に言い聞かせ、やりとげることができるのだ、こんなところで敗けは認めないぞと無理やり自分に信じ込ませたものだった。その頃スザンナはよく言った。あなたは本当にはこの仕事をしたいとは思っていないのよ、と。だがそんなことは問題ではなかった。そもそもなぜ自分がこの仕事をやりたいなどと思ったのか、それも覚えていなかったからだ。これらは、あなたがその責任を果たしているともはや確信できないときに訪れる瞬間であり——過酷な仕事ではいつでも起こることなのだ。誤りはすべて、あなたが責任を果たせていないことを確証しているように思われる。あなたの自信は打ち砕かれる。あなたが確信をもって言えることは、かつてあなたがその仕事をしたいと思ったということだけであり、もし生き延びたいと願うならば、そもそも最初にあった内なる欲望を見つめ直さなければならないということなのである。だからこそ内なる欲望はあったほうが良いのだ。

　政治というものは、私が知るいかなる専門職にもまして、あなたの自己認識の能力を試すものだ。私が学んだのはまさしくこのことだった。なぜ政治家になりたいのかという問いは、誰のために政治を行ないたいのかという問いにほかならない。私の場合、いったい誰のために政治を行なおうと思ったのだろうか？

　人間が野望を抱くようになる最も初期の段階では、自分を育ててくれた人たちが望んだものを自分が叶えたいと、そう考えるものである。私の場合に政治的成功を収めたいと思ったのは、母親のアリソンと父親のジョージのためなのだ。私が成功することを彼らが喜んでくれると信じていたからである。もちろんこの思い込みは一種の心理的投影であって、それというのも私が政治的キャリアを始めたときには両親はとうの昔に亡くなっていたのだから。私の生き方について両親が口をはさんだことはない。そういう意味では、私は彼らの影響を感じたことはなかった。しかし、彼らの品格ある生き方には影響を受けた。私の野望は内面から生まれたものというよりも、むしろ両親から受け継いだ伝統のように感じられた。イグナティエフ一族は一九世紀ロシアの小貴族であり、皇帝《ツァー》に仕えて要職に登りつめた。私の曾祖父はコンスタンチノープルにあるオスマン宮廷の駐在ロシア大使であり、一八八二年には内務大臣として、皇帝アレクサンドル二世暗殺後の秩序回復の任を負った。彼の政治的キャリアは失敗に終わり、人生の最後の二〇年間をウクライナにある領地で過ごした。そこで彼が思いをめぐらしたのは、宮廷の陰謀家たちのおかげで皇帝に自分の意見が聞き入れられなかったことや、ロシアのための自分のプランすべてが潰えてしまった理由である。彼の息子すなわち私の祖父ポールは、ウクライナにある一族の領地を経営することからそのキャリアをはじめ、その後は帝政ロシアの官僚制を登りつめ、農業副大臣に登用され、とうとう一九一五年に皇帝ニコライⅡ世の最後の政権の教育大臣になった。彼はロシア革命によって最初はイングランドへ、次いでカナダへの亡命を余儀なくされた。彼と私の祖母ナタリーはケベック州のアッパー・メルボルンにある小さな小屋で生涯を閉じ、セントフランシス川を見渡せる長老派《プレスビテリアン》の墓地に葬られている。(1)

私の父親ジョージは五人息子の末っ子で、最も野心家だった。家族が落ち目になってイングランドからモントリオールに上陸したのは、彼が一六歳のときだった。最初の夏に彼はブリティッシュ・コロンビア州に赴いて、クートネー谷で軌道を敷く鉄道員として働いた。酒を飲んだり、汚らしい言葉遣いをしたり、木を切るのを覚えてから、一九二八年の夏の終わりに戻った頃には、彼は日焼けして筋肉質の、いっぱしのカナダ人になっていた。トロント大学に入学した彼は勉学に励みローズ奨学金を授与され、オックスフォード大学ベリオール・コレッジに留学した。第二次世界大戦の宣戦布告がなされた一九三九年には彼はオックスフォードにいたのである。オックスフォードを出てから、一九四〇年初めにロンドンに赴き、トラファルガー広場にあるカナダハウスでカナダ政府の役人として働いた。二七歳になったときには、ドイツ軍爆撃下の都市でヴィンセント・マッセイの個人的な助手として働いていた。マッセイはマッセイ－ハリス農機具会社の後継者であり、当時英国駐在カナダ高等弁務官として働いていた。戦時の四年間父は、マッセイの書簡や電信の下書きをしたり、彼のスケジュールを調整したりしていたが、時には彼のお供で大臣や将軍たちとの会合のためにホワイトホールを訪れたこともあった。一九四〇年のダンケルクでの英国軍の敗北からアメリカ兵が英国に到着しはじめた一九四二年までの間、カナダ軍はブリテン諸島防衛のための死活的に重要な兵力だった。カナダは重要な役割を負っていたのだ。カナダの外交官としてのキャリアをはじめるには、それは危険であると同時に栄光ある時代であった。父は専門職としての見習い期間を、卓越した、厳格で尊大な、イングランド人よりもイングランド的な人物、それでいて何と言っても唯一無二の指導者に仕えて過ごしたのであった。

カナダハウスでの父親の同僚のなかには、レスター・L・ピアソンもいた。彼はカリスマ的外交官であり、後年カナダ首相になった。一九四〇年と四一年、彼と私の父は交代でカナダハウスの屋上で火事の見張りをして長い夜を幾晩も過ごし、トラファルガー広場周辺の屋根に焼夷弾による火の手を見つけるたびに市民防衛団に電話をかけた。爆撃はあまりにも激しかったので市民防衛団は彼らふたりを屋上から降ろして地下防空壕へ入らせた。彼らは破裂したパイプから漏れ出した水が靴に少しずつ滲み込んでくるのを感じながら、暗闇の中で身を寄せ合って過ごした。ある日曜日の朝、それまで経験したことがないほど徹底した爆撃の後で、彼らは屋根の上から、ホワイトホールにある爆撃された政府の役所から黒こげになったファイルが空中に舞い上がるのを見守った。父親の思い出によれば、ピアソンは「文明人であればこのような破壊には耐えられない。だからなんとか止めようとしなければならないのだ[2]」という趣旨のことを語った。戦後にピアソンが国際連合を熱烈に支持したのは、ここに端を発していたのである。

父が母アリソン・グラントと出会ったのも、戦時中のカナダハウスだった。彼女はヴィンセント・マッセイの姪である。つまり、マッセイの妻アリス・パーキンは彼女の叔母にあたる。母親は一九三八年、二二歳の時にロンドンにやって来て、王立芸術コレッジで学び、戦時中はタイピスト兼秘書として英国の軍事諜報機関MＩ５に勤めていた。

母親の一族は、イグナティエフ家と同じように野心に満ち、公共精神に溢れていた。私の母方の曾祖父であるジョージ・パーキンはニュー・ブランズウィックにある学校の教師だった。彼は人をうならせるような人柄と教養だけで、ローズ財団の設立幹事の地位を得た。ローズ財団は、オックスフォードのローズ奨学金を管理する組織である。もうひとりの曽祖父ジョージ・モンロー・グラントは、技術者のスタンフォード・フレミングに率いられた鉄道調査団の遠征隊長だった。遠征隊は一八七二年に、ロッキー山脈を通って大西洋に到るイエローヘッド・ルートの予備調査のために西に向かった。(3) 六月の真夏の暑さから一〇月の早めの雪まで、彼らはカヌー、列車、蒸気船、馬そして二輪馬車に乗って、太平洋から大西洋まで旅をした。彼らは、その五年前にひとつの国になったばかりの国土を測量した最初のカナダ人だった。私の曾祖父は旅から自宅に戻ると、『大西洋から太平洋へ』という本を書いた。それはカナダという国土の壮大さとその将来の展望についての最初の物語だった。私のように書架に『大西洋から太平洋へ』が置いてある家で成長すれば、自分はかつての国家建設者であった家族の一員であると感じるだろう。

グラント家にも首相についての物語がある。ジョン・A・マクドナルド――保守党の有力者であり、一八九一年に没するまで賄賂や脅迫、さらには洗練とは程遠い政治的な技を使って、国を纏め上げた――は、かつてキングストン州議会の議員だった。当時クイーンズ大学の学長であった曾祖父は議長を務めていた。キングストン周辺ではジョーディ・グラントとして知られていた曽祖父は、マクドナルドのやり方――たとえば鉄道建設者から自分の政党のために現金をゆすりとる――について深刻な道義的懸念を抱いていた。彼は自分の疑念を表明することに躊躇しなかった。ふたりの男は生涯の終わり近くに、キングストンで開催されたある行事で顔を合わせた。その場でサー・ジョン・Aが曽祖父に歩み寄り、からかうように「ジョーディ、どうして君は僕の友人にならなかったのかね」と尋ねた。「私はずっとあなたの友人でした。サー・ジョン」と曽祖父は答え、さらに辛辣にこう付け加えた。「あなたが正しいときには」と。「そんな友人には用がない！」(4)と年老いたライオンは吠えた。

困難なときにあっても、これらの物語のおかげで、私は自分の拠り所がどこにあるかを忘れることはなかった。私にとって政治とは広大な闘技場であり、意義のある生活を送って家族の責務に応える場所だった。政治は私の血筋なのだ。家族のために私は政治に関わりたいと思ったのであり、だからこそ自分のためにも政治に関わりたいと思ったのである。

上述したことはすべて、なぜ政治の世界に足を踏み入れるべきかという問いに対しては依然として間違った答えだと、今すぐに告白させて欲しい。人は誰も両親の期待に応えるために政治生活を送ることはできない。それもまた政治的誤謬なのだ。誰であろうと、自分はその出自ゆえに政治家になる資格を与えられているという感覚は、政治において致命的な誤りである。デモクラシーの最も優れている点は、あらゆるものをその度毎に、投票によって獲得しなければならないということ――あるいはそうすべきだということである。私には政治家になる資格があるわけではないということを十分に自覚していた。そしてその資格を獲得しなければならないことを分かっていた。けれども一〇月の夜にディナーにやって来た男たちの申し出を受け容れるかどうかを考えた際には、公共生活に尽くすことを天職とする家族の出身だという事実に強く左右されたのである。

私の母親がＭＩ５に勤めていたとき、彼女はサウスケンジントンにある54Ａウォルトン・ストリートに部屋を借りていた。同居人はケイ・ムーア（後にギンペル）という口の悪い、小柄なウィニペグ生まれの女性だった。一九四二年末から一九四三年始めにかけて、彼女たちはフランク・ピッカースギルとジョン・マカリスターというふたりのカナダ人に家とベッドを提供した。彼らはSOEすなわち特別作戦実行部隊に属しており、パラシュートでフランスに降下して、ドイツの占領軍と戦っているレジスタンス部隊に参加することになっていた。一九四三年六月以前の数カ月のうちに、母はフランクと親密な関係になった――親密さの程度は知る由もない。その後彼は、ある夜パリの南にあるロワール渓谷の着地点に暗闇に乗じてパラシュート降下するために出発した。ふたりのカナダ人は着地するやいなや、裏切りにあってゲシュタポに引き渡され、強制収容所に送られた。二年間母親とケイは便りを待っていた。特別作戦実行部隊は彼女たちに、ジョンとフランクにしか理解できない個人的なメッセージ――たとえば「54Aでサモワールが沸騰している」――をでっちあげてくれないかと依頼した。それは無線電信に応答しているのが彼らなのかどうかを確かめるためだったのだが、戻って来た応答は、彼らからのものだとは思われなかった。事実ドイツ人はふたり、ジョンとフランクが依然として諜報員として活動しているとSOEに信じ込ませるために、電信を使っていたのである。だがふたりのカナダ人は、ブッヘンヴァルト解放の数カ月前の一九四四年九月に拷問の後に処刑されていた。(5) ケイとアリソンは最悪の事態を予期していたが、処刑の事実を知ったのは、ようやくブッヘンヴァルトが解放された一九四五年になってからのことだった。

一九四五年の四月に母は、フランクの兄ジャックに手紙を書いた。その手紙に私は——息子としてはめったにない経験だが——母の若き希望と夢の純粋な響きを聴きとるのである。

私は「フランクが」イングランドで幸せだったことを知っています——彼は充実した時間を送っていたのです。ですから私たちにとって彼を失った悲しみは計り知れません。私たちは彼が振りまくかぎりない優しさ、愛情、幸福の虜になっていたのです。

彼は持ち前のユーモア、包み込むような気遣いそして人類愛によって、一緒に暮らす人びとを纏め上げてくれました。私たちが従うべき基準を決めたのは彼です。何ものも——誰が何と言おうと、何をしようと——彼が行くのを止めようもないことが、私にも分かっていました。彼は出発するその日まで、自分が行かなければならないということを、微塵の疑いもなく確信していました。彼が占めていた場所はけっして埋められないだろうということを私たち数人の者は知っています。私たちにとって彼が亡くなったことは、単なる個人的喪失にはとどまりません。彼の勇気には想像力が伴っていました。彼がそなえていた勇気は、戦争のときに必要となるだけではなく、戦争が終わったときにも、すべての人に必要とされるのです。

けれども彼の人生は無駄ではありませんでした。彼の多くの友人たちがここロンドンで話してくれたように、彼は私たちに精神、信頼そして正しさについての確固たる信念を残してくれたと、そう感じています。それこそが彼が私たちに残してくれた遺産なのです。彼は生き方を示してくれました。私は、それをけっして忘れはしません。

一九四五年の秋、戦争が終わって帰国した母は父と結婚した。彼女はフランクについてほとんど何も語らなかったが、私が成長する間、我が家にはつねに彼の影があった。偶然にも一九五〇年代の間、オタワ郊外の我が家はフランクの兄ジャックとその家族の住居からほんの一ブロック離れたところにあった。フランクは我らのものである以上に彼らのものだったが、我が家もまた彼の記憶を大切にしていたのである。

戦後になると私の両親はカナダ外交官として昇進し、兄と私は海外の任地、たとえばワシントン、ベオグラード、ロンドン、パリ、ジュネーヴで成長し、オタワに戻った。父は何人かの首相に仕えたが、彼らのなかのひとりレスター・ピアソンとはいつでもファーストネームで呼び合う仲であった。一九五〇年代にオタワで子供だった頃に私は、外務省主催のピクニックの際に、ピアソン氏が野球をしているのを眺めたことがある。当時父は外務省に勤めており、ピアソン氏は首相だった。それは郊外にある学校の野球場でのことだった。ピアソン氏はワイシャツにネクタイ姿で打席に立った。彼はバントして球を一塁ベース方向に打ち返し、ベースに足を置きながら振り返って、熱心に声援を送っていた部下たちに、晴れやかな笑顔で応えた。

一九五六年のアラブ‐イスラエル戦争〔第二次中東戦争〕後に父は、スエズに平和維持部隊を展開するチームで働いていた。その努力によって一九五七年に、ピアソンはノーベル平和賞を授与された。それから一〇年後のアラブ‐イスラエル戦争〔第三次中東戦争〕では、ピアソン首相の下、父は国際連合安全保障理事会のカナダ代表として、決議二四二の起草者のひとりだった。その決議は今日に到るまで、イスラエルとパレスチナ人の間の平和の礎《いしずえ》であり続けている。

一九七三年一月のピアソンの葬儀では父は棺をかつぐ役をにない、ケベック州ウェイクフィールドにある永眠の場所まで彼を運んだのだった。政治の世界に入る直前に私は、ピアソンの墓に参った。ピアソンは同僚であり親友でもあった人物――ノーマン・ロバートソンとヒューム・ロング――の傍らに葬られていた。ピアソン、ロバートソンそしてロングは、カナダの政府と行政が偉大であった時代の典型だった。彼らは地味なスーツと蝶ネクタイを身に着け、ひとを震えあがらせるような機密情報をたくさん持っており、断固とした職業倫理によってスタッフをこき使った。彼らは国際主義的な精神の持ち主であり、きわめて実直で、財政問題については保守党員ではないにしても小文字のcで表す保守主義者であり、政治的にはリベラルで、きわめてカナダ人らしい流儀で熱烈な愛国者だった。彼らが信じていた世界こそが、私が信じた世界であり、見習いたいと思いながら成長した手本なのだ。すでに述べたように、自分を育ててくれた人たちが望んだものを自分の人生で叶えたいと、人は考えるものである。祖国に戻り政治の世界に入ったときには、彼らが作ったリベラルな世界とカナダがとうの昔に消滅してしまっていたなどとは思ってもみなかった。

私の父が理想とした人物は、政府が偉大なことを成し遂げることができるのは当然のことだと考えるような人びとだった。一九五九年のブダペストにおける共産党支配に抗議する蜂起の後に、父は当時の移民省大臣だったジャック・ピッカースギルを支援して、数千人のハンガリー人を難民キャンプから解放して、カナダに定住して新しい生活ができるように取り計らった。度胸のある国が劇的な意思表示をしたのであり、そんなにも数多くの人びとを自由にする手助けをすることができたことを、父は誇りとしていた。これと同様な積極的な野心は、一九五〇年代と一九六〇年代初頭にはいたるところで成果を挙げていた。それはヨーロッパと北アメリカのリベラルな政府が自らの社会を立て直し、その後三〇年にわたる繁栄の基礎を据えた時代だった。合衆国ではアイゼンハワーが州間高速自動車道を開通させ、他方でカリフォルニアの民主党の知事は、世界中の高等教育のモデルである、カリフォルニア州の公立大学制度を構築した。カナダでは自由党政権が全国高速道路、セントローレンス海路を建築し、新しい大学キャンパスやチョーク・リヴァー核施設を建設する資金を調達した。その施設によってカナダは、医学用アイソトープの生産における世界のリーダーになった。それは想像力ある政府ならば国を纏め上げることができるという考え方だった。家族の夕食のテーブルを囲んでの会話に参加できるくらいに成長すると、私はすぐに――父のような人びとによって運営される――善き政府こそは、いかなる国民的問題に対しても究極の解決策だという例の考え方――あるいは幻想――

を共有するようになった。

私の父は政府を愛してはいたが、政党政治からは距離を置いていた。そして彼が語る物語は、政治家と彼のような公務員の本能の違いを明らかにしてくれた。父は私に、一九四四年マッケンジー・キング首相と女性の代表団――「帝国の娘」〔カナダに拠点を置く女性の慈善団体〕――との間で行なわれた会合で議事録をとったときのことを話してくれた。代表団の女性たちはポルノグラフィー〔ベティ・グレイブルのピンナップやもっとどぎついもの〕が、当時オランダからドイツに侵攻していたカナダ人部隊の士気に与える悪影響を懸念していた。かなりの数の女性がキングのオフィスに陣取って、代わるがわるにポルノグラフィーの恐るべき影響を説いた。キングは我慢強く耳を傾けていたが、その後立ち上がって女性たちのほうに歩み寄り、厳粛な面持ちで握手をして、このように重要な会合をもてる栄誉に浴したのはあまり例のないことですと繰り返し礼を述べた。女性たちが丁重に送り出され首相のオフィスに沈黙が訪れると、父は咳払いをして、どんな決定を承認したいのかとキング氏に尋ねた。「仕事に戻れ」と首相は怒鳴り立て、手を振って彼を追い出した。父はキングが人を偽る技に精通しているのに驚いた。それは政治生活の精髄のように思われたが、父はそれに参加したいとは思わなかったのである。

やがて二〇〇九年に野党の党首になったときに、私が専有するオフィス、議事堂の三階の角にある木製のパネルで仕切られた部屋は、第二次世界大戦中に首相キングが使用していたものだということが判明した。私は大きな椅子に座り、五六年前に部屋の角にあるシートに背を丸めて座り、膝のうえのノートに記録をとる父の姿を想ったものだった。そのオフィスの隣の長いパネルで仕切られた部屋は、キングの戦時内閣が会合をした場所だった。閣僚室のドアのうえには「神を畏れよ」と「国王を讃えよ」というふたつの銘文が掲げられていた。その部屋に入るときにはいつでも私は、時機が来たならば立ち上がれという呼びかけが、一つの伝統になっているのを感じたのである。

一八歳のときに私は、オンタリオ地方の即興演説コンテストで優勝した。トロントの新聞『グローブ・アンド・メール』のインタヴューを受け、トロフィーを掲げている写真を撮られた。レポーターは、将来君は何になりたいのかと尋ねた。よく考えもせず「ぼくは首相になりたい」と答えた。

今振り返ってみると、自分が今では遠い記憶にすぎないように思われる政治によって形成された六〇年代の子供、あるいは孤児だったことがよく分かる。一九六一年一月のあの光り輝く日に、ジョン・F・ケネディが大統領就任の宣誓をしたとき、私は一四歳だった。年老いた詩人ロバート・フロストが就任を祝う詩をつっかえながら朗読しているのを見た若い大統領が、日差しを遮ろうと歩み出る様子を眺めていたのを覚えている。後になって学友と私はジャック・ケネディのボストン訛りを手本にして、彼独特の仕草のひとつを真似しようとしたものだった。それは左手をジャケットのポケットに入れて、親指だけを突き出す仕草だった。アッパー・カナダ・コレッジにある階段の吹き抜けにいた私の肩を、後ろから友人が軽くたたいて「たった今ラジオで聞いた。大統領が撃たれた」とささやいたのを、今でも思い出すことができる。

私は、銃弾に斃れた大統領をつうじて政治の夢を抱いた世代である。私の心の中に感じた情熱は友人たちの心の中にもあった。トロント大学での友人の中で一番優秀だったのはボブ・レイだったが、彼に出会ったとき、彼の父親サウルと私の父親とが三〇年以上昔に、同じ大学で友情によって結ばれたライバル同士だったという単なる事実以上に、共通する部分が多いのに気づいた。彼が演壇にたって話しはじめるときに、左手をポケットに入れて親指だけを外に突き出しているのに気づいたのである。

私たちがトロント大学に入学したのは、ちょうどヴェトナム反戦デモと学内討論集会《ティーチイン》がアメリカ中のキャンパスを席巻し、北に波及してカナダの大学をも巻き込み始めたころだった。ジェフ・ローズやボブ・レイのような友人と一緒に、私はヴェトナム反戦運動に身を投じた。まず反戦ティーチインを組織する手伝いをして、その後にはナパーム弾の製造業者ダウ〔カナダの化学製品製造会社〕からのリクルーターがキャンパス内に出没するのに反対する座り込み《シットイン》デモに参加した。一九六五年の秋の選挙では、自由党を支持する選挙運動にも参加した。すなわち優れた下院議員マーヴィン・ゲルバーのために戸別訪問をしたのである。ゲルバーは難敵デイヴィッド・ルイスに対抗して再選を狙っていた。ルイスはカナダ新民主党の党首で、リベラル左派よりもさらに左の社会民主主義者だった。それが私の最初の選挙であり、選挙運動本部や地区ごとの選挙事務所や投票勧誘チームの雰囲気が好きだった。

私たちは熱心に選挙運動に努めたが、候補は落選した。そういうわけでリベラル政治の最初の経験は敗北だったのだ。

一九六八年初めにトロント大学の学生であった私は、ピエール・トルドーに会うためにセント・ローレンス・ホールを訪れた。当時彼はピアソン政権の司法大臣であり、自由党党首選のための選挙運動を始めていた（ピアソン氏はその少し以前に退陣を表明した）。政治指導者の魅力にこんなにも圧倒されるのを感じたことは、それまでに一度もなかった。私が出会ったのは法学教授であり、カトリック教会の過去の抑圧とモーリス・デュプレシのケベック州政府の反動的な連邦つぶしから州を救う戦いを終えたばかりの知識人だった。私はトルドーの魅力ととらえ所のなさに魅せられたのだが、何よりも彼が間違いなく信頼できる人物であること、宣伝広告と政治の危うい興奮の中にあっても自分を見失わないよう戦っていることが明らかだったからである。今の私には、彼が多くの点でアマチュアであり、政治という闘技場に第一歩を踏み込んだ頃には増長してさえいたことが理解できる。彼は懸命に、内に秘めていた政治的力を抑制しながら、本来の自分である内省的で思慮深い人物であろうとしていたのである。あれから四〇年を経た今の私には、政治という闘技場に足を踏み入れようとしていた自分にとって、トルドーの影響がどれほど決定的であったかが分かる。彼は四〇歳代後半にまさしく大学の教室から政界に足を踏み入れたのだ。彼にそれができたのなら、どうして私にできないことがあるだろうか。もちろん私はトルドーではないけれども、そう私は考えたのである。

トルドーの生き方には私に強く訴えかけるものがあった。なぜなら彼のメッセージは、ケベック州住民をカナダの政治的生活の中心に据えるという情熱的なコミットメントを伝えるものであったにもかかわらず、自分の出身地であるケベックのナショナリスト的感情に譲歩することを断固として拒否していたからである。彼はなぜ自分が政治に携わり、誰のためにそうしているのかを明確に知っていた。それゆえにあれほど刺激的な人物となったのである。

一九六八年の春に私は、全国リベラル会議が開催されていたオタワ・コンヴェンション・センターで、まだ躊躇していた代議員たちをトルドー支持に回らせようとしていた。四回目の投票が開票された。私は彼が候補者席の椅子から立ち上がり、喜びの声をあげる群衆に向かって手を振る姿を見つめていた。この群衆こそがまさに彼をカナダ自由党党首に選出したのであり、その事実によってこの国の次期首相に選出したのである。

彼は選挙民からの信任を求めて、即座と言ってよいほどの早さで総選挙を実施した。一九六八年六月に実施される最初の選挙で彼を圧勝させるために、私は全国青年組織団の一員として彼の選挙運動飛行機に同乗した。彼は機内を歩き回り、私のような選挙運動員の傍に座り、私の読んでいた本について質問攻めにする、そんな指導者だった。その本はウィーンの建築家ヴィクー・グルーエンが書いた都市計画についてのものだったことを覚えている。(6) トルドーはプレーリー諸州〔アルバータ、マニトバ、サスカッチュワン州の総称〕上空の飛行機の中で私の横に腰をおろした。その本に示されている考えについて私が支離滅裂な返答を口ごもりながら話した際に、首相の冷徹な瞳が私を品定めしているのを感じた。飛行機が着陸すると私たちは会場に向かって急いだ。彼は車列の先頭の車に乗って、私は手荷物積み下ろし係と一緒にその後に続いた。私がそのイベントでしたことと言えば、群衆を彼に近づけないことだけだった。トルドーの熱狂的支持者はその頃最高潮に達していて、私はこれまでそれほどの人間が熱狂する有様を見たことはなかった。彼が規制ロープの向こうにいる支持者に握手しようとすると、人びとは我先にと彼の手を握り、若い女性は嬌声をあげて彼にキスしようとしたのである。政治的群衆を襲う情熱には魔力的側面があり、見ていると酔っぱらってしまう。

一九六八年のその夏はユージン・マッカーシーとロバート・ケネディによるジョンソン大統領とヴェトナム戦争に反対する造反運動を目にしたときでもあった。一九六八年の二月にはマッカーシーがニューハンプシャーでの予備選挙でジョンソンに挑戦して、大勢の若者のおかげでジョンソンは大統領選挙からの撤退を余儀なくされた。その時代の夜明けに生き、二一歳であり、私たち自身の世代の政治的活動がそれほど力強いものでありうることを実感することができたことは無上の喜びである。

活気と自分たちの時代が始まったという感覚だけが、その当時の感情だったわけではない。絶望と恐怖もあった。マーティン・ルーサー・キングが一九六八年四月四日にメンフィスで暗殺された。前夜から行なわれた最後の説教で彼は、自分はモーゼと違って約束の地を目にすることはないだろう、と苦渋に満ちた洞察をもって警告していた。しかし彼に従った人びとは、きっと彼がモーゼになるだろうと思っていたのだ。キング牧師が亡くなった夜、ロバート・ケネディはインディアナポリスにおける選挙運動を中止させ、黒人群衆にニュースを知らせた。夕闇の中で彼は、彼らの心の中にあるむき出しの悲しみや怒りを鎮めようとしていた。彼は穏やかなボストンなまりで群衆を落ち着かせ、語りかけた。自分は偉大な兄弟を失ってしまった、それも暗殺者に奪われたのだ。自分たちは共に深く悲しみ、古代ギリシアの詩人アイスキュロスが教えているように、「神が下した恐るべき恩恵に耐えること[7]」を学ばなければならない、と述べた。今では私には、政治というもののあるべき姿を示すこれらの優れた事例によって自分がいかに深く突き動かされていたかが分かる。その出来事から数カ月経った一九六八年六月四日、トルドーの飛行機がオンタリオ州サドバリー上空のあたりを飛んでいたとき、機長の声がインカム越しに、ロバート・ケネディがロサンジェルスのホテルの厨房で暗殺されたことを伝えた。それはカリフォルニア州の民主党予備選挙における決定的勝利の夜のことだった。その瞬間、虚脱感に襲われたことを思い出す。若者たちは、自分が生きている政治生活には暴力と絶対的な喪失が伴うこともあるのだということを知って、茫然自失するほかなかったのである。

ケネディ暗殺のちょうど三週間後にピエール・トルドーは、モントリオールの繁華街で行なわれた聖ジャン・バプティストの祝日パレードの観閲台に姿を見せた。それは選挙の数日前のことだった。時代をリードする連邦主義者として、彼は生まれ故郷ケベックのナショナリストや分離主義者すべての怒りの標的だった。分離主義者のデモの参加者がやじりながら投げつける瓶やビールの缶が彼の周りに雨のように降り注いだ。彼の護衛は彼を安全な場所まで引き戻そうとした。その夜の彼の勇気は衝撃的な光景だった。カメラは、押さえつけようとする手を払いのけて、群衆の怒りに独りで立ち向かった彼の正真正銘の、妥協を知らない政治的意思が披瀝される、その一瞬を捉えた。その瞬間を、私はけっして忘れはしない。

選挙に勝利してから一週間後に、彼のオフィスから電話があって私はハリントン湖に、すなわちオタワの郊外にあるガティノー・ヒルズ〔ケベック州南東部オタワの北にある都市〕の首相専用の別荘に招待された。ジェニファー・レイは彼の選挙運動を支えた美貌の魅力的なスタッフであり、当時は彼の恋人だった。彼女は私の大学時代の友人であるボブ・レイの姉妹であり、私を呼び出して彼らと一緒に過ごすように仕向けたのはおそらくジェニーの考えだったと思われる。トルドーはその場所を手に入れたばかりだった。その湖を見渡せるだだっ広い昔風のカントリー・コテッジで、ふたりとも居心地が悪そうだった。私たちは船着き場の前で泳いだり、本について、政治以外についてあれこれと語り合ったりした。そして私は、彼は人生で最大の勝利を獲得したが、その勝利をどう受けとめればよいのか分からなくなっているのではないか、そう考えたことを覚えている。それはまるで自分が成し遂げたこと――ほんの三年間で自国の政治の頂点へと昇りつめたこと――の嘘偽りのない巨大さに、突然気づいたかのようだった。彼は引きこもり、人を寄せ付けず、待ち構える諸要求にそなえて、心の底から決意を呼び起こそうとしていた。その当時私は栄光の代償を、すなわち最も恐れを知らぬ男のなかにさえ生み出しかねない恐怖を垣間見たのであった。

それが首相在任中の彼に会った最後の機会だった。大使として彼に仕えつづけた父に、トルドーは折に触れ外交問題についてのアドヴァイスを求めた。トルドーが総督――カナダの国家元首でカナダにおける英国女王の代理人――に指名する人物を物色していた一九七八年に、第一候補は私の父であるとそれとなく周囲に漏らした。数カ月間にわたり両親はカナダを訪問する女王に同行して王室の外交儀礼やエチケットを学びながら、その仕事にそなえた。私の母の叔父であり父の最初の上司だったヴィンセント・マッセイはかつて総督だった。だから父がそのポストに就けば、移民の子として初めて総督に選ばれることになるはずだった。その指名が報道機関に漏れるのはほとんど既定の事実だった。最後になってトルドーは心変わりをして、西部以外の地域の票を求めてマニトバ〔カナダ中部の州〕の元州知事をその職に任命した。低次元の政治的策略によって沈みつつある船を救えはしない。トルドーの策略はなんの効果ももたらさなかった。いずれにせよ彼は一九七九年の選挙で敗北した。他方で父は打ちひしがれた。私の弟の記憶によれば、父が号泣するのを聞いたのはそのときだけだった。

その後数年間にわたって父が失意から立ち直るのを見守ったが、おそらくそれが私の受けた最初の癒し教育だった。彼は自力で立ち直り、挫折した野望を奮い起こし、当時アルツハイマー病の症状を見せ始めた母親の介護をする一方で、トロント大学の学長を務めながら、人生で最も素晴らしい一〇年を送った。かつて父は私に、挫折こそが自分に振りかかった最善の経験だったと語ったことがある。

それからずっと後に、トルドーが政権を去った際に、私たちはロンドンで会った。そして一九九〇年代の初めには、一緒に映画に出演した。その中で私たちは、彼の回顧録のために、アンティゴーネと政治における悲劇的葛藤について自意識過剰な会話を交わした。(8) 私たちはそのときはすでに亡くなっていた父についてはいっさい話をしなかった。

私が彼の下で働いていた当時のことに戻れば、——トルドー自身が振りまく——魅力があまりにも強かったので、彼の力の及ばないところに身を置かなければならないと感じていた。その夏の終わりに私はオタワを立ち去って、ハーバードに行って博士論文を仕上げようと進路を定めた。私には器量もなかったしオタワに残って誰か大臣のオフィスでスタッフとして働く用意もなかった。いずれにせよハリントン湖に招待されたような幸福感に溢れた日々は終わったのだ。今では官僚の壁が、称賛する人物から私を引き離そうとしていた。私は二一歳になったばかりだった。オタワを立ち去ってそれなりの力量を蓄えるべきときだった。三七年かかって私は政治の世界に戻ってきた。そのときには、必要な力量を蓄えていたと、そう思いたい。

父と母、トルドーとピアソンについてのこれらの物語、合衆国におけるケネディ、マッカーシーそしてキング牧師についての悲劇的で刺激的な反響が、私の野望を形づくり、私を政治の世界へと向かわせる推進力となった。しかしはっきりさせておこう。遺伝子は宿命ではなく、家族の歴史は運命ではないのだ。私より三歳年下の弟アンドリューは私と同じ家族の歴史を受け継いでいて、六〇年代の同じ時期を生きてきたが、政治家として職に就きたいとは思わなかった。彼の考えでは、私は我を忘れ、浮かれて家族の名声を危機に陥れようとしていた。家族の神話が私を選んだとも言えるし、私が家族の神話を選んだのだとも言える。三人の見知らぬ人物が政治の世界に入らないかと誘ったとき、それはまるでこれまでの人生をずっと、彼らが現れるのを待っていたかのようであった。

彼らが描いた母国の政治的風景は実に暗澹たるものだった。ポール・マーティンの自由党政府は二〇〇四年六月の選挙で敗北して、辛うじて存続しているだけであり、内部抗争によって分断され、ケベックにおける財政上のスキャンダルで評判を落とし、解体へと向かいつつあった。マーティンは品格をそなえた確固とした信念をもつ人物であり、それまでの二〇年間、首相になろうとずっと奮闘してきたのだが、今となっては良きにつけ悪しきにつけ、深みにはまってしまっているという印象を与えていた。かつてはタフで想像力に富んだ財務大臣だったが、首相としては「優柔不断な男」と揶揄されていた。英国のゴードン・ブラウンと同じようにマーティンは政権を手に入れるためにあれこれ策を弄してきたが、政権を手にしたとたんに、それは灰塵に帰しつつあった。自由党は優秀な人材を吸収する能力を失い、西部地域やブリティッシュ・コロンビア州ではほとんど、あるいはまったく支持を得られなかった。マーティンの前任者ジャン・クレティエンの下で一一年間政権を維持した後に、自由党は思考停止状態になってしまった。私は岩礁に向けて進む船に乗り込むように要請されようとしていたわけである。

新しい政治的友人たちの口上によれば、今こそ新しい船長が操船すべきときだということだった。彼らは私をおだててみせた。たとえば国際的な名声をもつ誇り高きカナダ人、ピアソンやトルドーにまでさかのぼる党での経験、演説の才能、流暢なフランス語。一介の部外者にすぎない私は、党を分裂させかねない派閥抗争の当事者ではなかったし、当時ケベックで自由党を苦境に立たせていたスキャンダルとは無縁だった。彼らが言うことをよく検討しただろうか？

そのすべてがどのような結末を迎えたかを考えれば、もっと厳しい質問を彼らにすべきだった。たとえば私たちはどのようにして次の選挙で勝利しようとするのか？　一〇年にわたって得票を減らしてきた政党をどのようにして復活させようとするのか？　私たちはずっと「当然の統治政党」（自由党の綽名）であり、誰かがその答えを当然用意しているものだと私は考えていた。わが党は依然として、デモクラシー世界のなかで最も成功した統治政党だった。私が理解していなかったことは、統治政党としての自由党に与えられた特別な資格がもはや失効していたということである。

複数の選択肢を比較衡量すると、私にはアメリカ政治に積極的に関与することなどけっしてできないことが分かった。私はアメリカ市民ではなかったし、アメリカのグリーンカードを取得する気にもなれなかった。私の同僚で親友であるサマンサ・パワーは間もなくケネディ・スクールを退職して、イリノイ州から新しく選出された若手の上院議員バラク・オバマに協力しようとしていた。だが、もし私が合衆国に留まっても傍観することができるだけだと分かっていた。私が政治という闘技場に参入しようと思うなら、祖国においてでしかありえなかった。カナダにはわが国独特の共和党員たち――スティーヴン・ハーパーのリーダーシップの下で、最近改革されたカナダ保守党――がおり、私がこれまで信じてきたありとあらゆるものを、政治において逆戻りさせようとしていたのは明らかだった。たとえば共通のシティズンシップの気骨を強化する国民的プログラム、あらゆるカナダ人に対する平等な権利、さらにはバランスのとれた、しかし頑固なまでに中立的で国際主義的な外交政策を、私は信じてきたので、わが国においてリベラルな活動家になれるだろう。どちらを選ぶかは自明のように思われた。

私は自分の明白な弱点をどのようにして克服すべきかを自問した。私は本を書いたり、教えたり、映画を制作したり、講演を行なったりしながら、カナダと外国を行ったり来たりして人生の大半を過ごしてきた。けれども私は一九八〇年代の憲法をめぐる戦い、一九九五年のケベックの分離独立をめぐって国が分裂しかねないまでになった経験ではなんの役割も果たさなかった。ある国の政治ドラマを経験しないかぎり、その国の政治の世界で居場所を見つけることはできない。しかしながら政治についての私の信念はあくまでもカナダ的なものだった。私は故国が世界中の人びとにとって、礼節《シヴィリティ》と寛容、国際的関与のお手本となると考えていた。私の出生地へのまがいもないロマンティックな信条は、私がそこで実際に暮らしてこなかったという埋め合わせになると考えざるをえなかった。

私が帰国したらどのような物語を語ればよいのかという問いについて考えをめぐらせた。あらゆる政治家にはそれぞれの物語がなければならない。それどころかそれぞれの物語を考え出し、調整して、その物語を人びとの心のなかに定着させることこそが、公職に就こうとするいかなる者にとっても中心的な任務なのだ。私の場合には、その物語は私にとって不利なもの――何年も国外で暮らしたこと――を強さに変えるものでなければならなかった。可能な物語はただひとつ、帰郷の物語を語ることだった。それは物語のなかで最も古いもののひとつ、すなわち放蕩息子の帰郷だった。『聖書』では、放蕩息子が埃っぽい路上に現れたとき、すべての人びとがそれまでの態度を一変させ、彼を抱きしめはしなかっただろうか？

ここまで読んでくれた読者が、私を政治の世界に導き入れることになった動機を探求する過程での自己ドラマ化とうぬぼれに飽き飽きするのももっともなことである。私が言いたいことはまさに、自己ドラマ化こそが政治の本質だということなのだ。人は誰でも一般の人びとに消費されるように自分自身を創作しなければならない。自分自身が真剣に考えないとしたら、いったい他の誰が考えてくれるというのだろうか？

帰郷という考えは、少なくとも私にとっては嘘偽りのないものだった。どこで暮らしていようとも、依然として故郷はジョージ湾のレック島にある叔母のヘレンの小屋であり、今ではキーナン一家に所有されている叔父のディーマと叔母のフローレンスのケベック農場であり、トロントにある家族の寝室が三つある家であり、とりわけケベック州のアッパー・メルボルンにある墓地であった。そこには祖父ポール伯爵、祖母ナタリー伯爵夫人、父と母、すべての叔母と叔父が永眠している。そしていつか私自身もそこで永遠の眠りにつくのだ。

例のメン・イン・ブラックが電話を掛けてくるずっと以前の一九九〇年代の半ばから――私は以前より多くの時間をカナダで過ごすようになっていた。たとえば子供たちがロッキー山脈で夏の乗馬をしたり筏遊びができように、また妻のスザンナが広大なプレーリー諸州を直《じか》に経験できるように車に乗せて国中を旅してまわったり、カナダ放送協会のラジオ番組でマッセイ講義をしたりした。『ライツ・レヴォリューション』と名づけたこの講義で、私はカナダの独特な性格を次のように定義しようとした。すなわち私たちには死刑あるいは武器を携行する権利はないという事実、私たちはフランス語と先住民の土地所有権を守るための集団的権利を信じているという事実、私たちは女性の権利が普及するべきだと信じているという事実、二言語併用の国民的実験はつねに圧力にさらされているが、生存の条件として、お互いを理解し合い共通の基盤に到達するように絶えず私たちは強いられているという事実、この四点である。(9) アメリカ人は赤い州〔共和党支持の州〕と青い州〔民主党支持の州〕に党派的に分裂しても差し支えはないだろうが、私たちには不可能である。妥協は私たちの政治運営の仕方に組み込まれている。あるいは私はそう考えたのである。

私はこれまでの生涯を通じて幸せなコスモポリタンだったが、祖国を離れて生きてゆくことの代償が次第に大きくなっていることを自覚するようになった。自国以外に住む者は誰でも、ガラスのドアにぶつかったり、その国の人以外立ち入り禁止になっている場所から締め出されたりするのが関の山なのだ。そうなって初めて、自分はその国の人びとが口にすることは理解していたが、本当に言わんとすることは理解しなかった、と気づかされるのである。私はどこの国でも歓迎されていると感じていたが、どこの国にも帰属していなかったのである。さらに言えば、祖国を離れて生きてゆくのは一種の特権、他国の人びとの政治にただ乗り《フリー・ライディング》することの形態でしかないのだ。コスモポリタニズムとどの国にも帰属しないことは、実際にはどこかの国からパスポートを獲得した者が享受する特権であることに、私は以前から気づいていた。私のパスポートはカナダから発行された。今こそ帰国するのにうってつけのときだった。

祖国に帰還する手配をするために、二〇〇四年一〇月から二〇〇五年一二月までの一年を要した。その間にもメン・イン・ブラックが約束した例のチームが具体化しはじめた。私が彼らを選んだのではない。彼らが私を選んだのだ。私がトロントに飛んで帰ると、そこで私はタフな政治の専門家たちの手で徹底的な尋問をされた。彼らが言うには、私に選挙に勝つ力があるかどうかを見極めようとしていたのである。法律を専攻する若い学生——たとえばサチン・アガーワルやミルトン・チャンのような——は、出馬を決める前の同性婚に対する私の立場（私は賛成だった）を質問してきた。私はデイヴィッド・スミス上院議員、デイヴィッド・パターソン元州知事のような自由党の有力者や、エルヴィオ・デルゾットのような自由党への資金提供者と昼食を共にした。公共政策上の争点——医療、エネルギー、雇用——についての分厚い報告書がメールで届き始めた。それはアレックス・メイザー、スジット・チョードリー、およびマイケル・パルのような政策立案担当の若者たちが作ったものだ。私はその報告書をむさぼるように読み、若い調査員たちが提起した諸問題についてかなりの事ができそうだと考えて、心が高揚するのを感じた。たとえばその諸問題とは、この国は平等な場所だと人びとが考えたがっているのにもかかわらず衝撃的なほどの所得格差が存在すること、基盤となる製造業が弱体化していること、この国は地球規模で重要なエネルギーの生産者であるにもかかわらず国家的エネルギー戦略が欠如していること、選挙民と選挙制度の距離が拡大していること、さらには国家の統一という伝統的な争点——フランス語使用者と英語使用者との分裂、そして広大な国の大都市と僻地や農村地帯との分裂の出現——が存在することである。私はこれらの問題のすべてを精査し、十分に研究したのでそれについてはかなりの知識を得たにちがいないと考えるようになった。政治的知識はまったく異なったものだということをまだ理解していなかった。政治的知識とは、ある争点についてたんに頭で理解することではなく、心の底から理解することであり、どの主義主張が政治的スローガンになるのかを理解することなのである。

二〇〇五年三月に自由党はオタワで上半期政策会議を開催した。私たちのチームは党全国委員長マイク・エイゼンガに対して、私を招待し数千人の代議員に向けて基調演説をさせるようにと説得した。それまで私はこれほど数多くの聴衆の前で話したことはなかった。私は演説を、こう切り出した。

私が仕事をしている合衆国では、リベラルは混乱状態に陥っている。カナダではリベラルが政権を握っている。国境線の向こうではリベラルであることは重荷である。ここではそれは名誉の標《しるし》である。目の前に広がる大勢の代議員が、ひとしきりその演説に拍手喝采をしてくれた。彼らの反応に元気づけられて私は、私にとってリベラリズムが意味するものを詳しく説いた。母が気前《リベラル》よくパイを分け与えるとき、それはいつでも慈愛に満ちた一切れだった、と私は代議員たちに語りかけた。リベラリズムは寛大な心、寛大な精神、寛大な想像力、寛大なヴィジョンとつねに結びついていなければならない。そして演説をこう締めくくった。

寛大さとは見知らぬ人びとを歓迎すること以上のものです。それは私たち自身に対する態度なのです。それが意味するのは、お互いを信頼し合い、対価を考えることなく助けることであり、一緒にリスクをとることなのです。寛大さが意味するのは、私たち自身の心を他者に対して絶えず開いておくことであり、現在の状況がより良くなりうることを共に夢見ることです。それはこの国がいつでもしてきたことです。この政党の仕事はその路線を維持することであります。すなわち寛大さ、統一、主権、正義。さらには選択する勇気、統治する意志。これらこそがリベラルな政治の指針なのです。(10)

演説が終わると握手を求めながら大声で騒ぎ立てる代議員、携帯電話のカメラのフラッシュ、インタヴューしようと待ち構える報道陣によって取り囲まれた。報道陣の中には旧友であるグレアム・フレイザーがいた。彼は「素晴らしい演説」とささやいてから、自分の旧友がなにか馬鹿げたことをするのを止められないことが分かったときに人が見せる、憐れむような表情をした。

演説の翌日ポール・マーティン首相が私に会いたいと言ってきた。私は彼のオフィスで一時間を過ごした。その間に彼のアシスタントであるジム・ピンブレット――後に私のアシスタントなる――は、けっして私から目をそらすことなく、ビーズの目をした猿の縫いぐるみのように部屋の片隅に座っていた。首相はカナダ－アメリカ関係について意見を求めてきたが、実際には私の生い立ちを理解しようとしていたのである。彼は親切であったが、私の演説やそれに対する反響にけっして快くは思っていなかった。明らかに私はライバルになったのだ。後になって私は、彼の部下たちが連邦議会に私が議席を獲得するのを手伝うつもりがないということを、思い知らされた。私は自由党への道を自分自身で勝ちとらなければならなかったのだ。

首相との会談の後に私はピエール・トルドーのアドヴァイザーのひとりだったマルク・ラロンドと会った。彼は私が政界に進むのを歓迎してくれた。賽は投げられたのだ。私はクリスマスにハーバードを辞職して、トロント大学で職に就き、こうして徐々にカナダの政界に足を踏み入れたのだった。決断した後で、私は大学時代のルームメートだったボブ・レイ、彼の妻アーリン、そして彼らの娘のひとりとトロントのチャイナタウンにあるレストランで夕食を共にした。ボブ・レイは大学卒業後ずっとカナダの政界で暮らしてきた。最初は新民主党《NDP》に所属する連邦議会の議員として、その後一九九〇年から一九九五年までは新民主党に所属する最初のオタワ州知事として。一九九五年の敗北は惨憺たるものだったが、彼はそれを乗り越えてトロントで法律家として恵まれた暮らしをしていた。私が政界に入ろうと思うと語ると、彼は一笑に付した。私はまだ政治家になる権利さえ獲得していなかったのだ。彼は何年も政界で仕事をしてきたのだが、それに比べたら私はまだ何者でもなかった。私はまごついてしまった。彼は自由党員ではないのだから、私が自由党員として選挙に打ってでることなど不可能だと彼に言われる筋合いはなかった。私はこの点について口に出さなかったが、そうすべきだったのだ。振り返ってみれば、あのときの議論が決定的な契機だった。旧友の政治的野望がはるかに大きなものであり、彼が自由党に鞍替えしようと思っていることが分かっていなかったのである。私が彼を見誤ったように彼も私を見誤ったのであり、そして私も彼も、昔からの友情がお互いのライバル意識を解決すると誤解していたのである。結局のところ、ゴードン・ブラウンとトニー・ブレアは一九九〇年代の初めに、ロンドンのレストランで面会して、ブラウンではなくブレアが労働党の党首選に出馬するのに合意した。もしもレイと私がそのような約束を取り交わしていたなら、私たちの政治的キャリアは違ったかたちで終わっていただろう。しかし、率直に言って、野心に燃えるふたりの人間を和解させることができるとは思えない。たとえそれが友人同士であってもである。

賽はすでに投げられていたし、決断もしていたが、スザンナと私は後にしてきた生活に後ろ髪を引かれる想いであった。しかし私たちは冒険という引き潮に押し流されてゆくのを感じていた。その年の夏の終わりにスザンナは私を見て微笑みながら言った。「私たちは何を失わなければならないの？」私たちには何も分からなかった。

# 第三章　僥倖

カナダへの私の帰還は、最初は大学で教えながらその後に政界入りするという、ゆっくりとしたものになるだろうと、無邪気にもそう私は考えていた。思惑がはずれて、突然私はさまざまな出来事に翻弄されるようになった。二〇〇五年の一一月末にポール・マーティンの自由党政府は下院での信任投票に敗北したのだ。首相は二〇〇六年一月二三日に総選挙を実施すると宣言した。もし私が政界入りをしようとするのなら、これこそが絶好の機会でなければならなかった。

政治学を教えていたときに私は学生にマキアヴェッリの『君主論』を教えるのが好きだった。学生たちはマキアヴェッリのシニシズムがスリリングで現代的であることは理解したが、運命の女神フォルツゥーナについて述べた章をどのように理解すべきか困惑していた。マキアヴェッリがフィレンツェの政界から追放され、拷問を受け、汚名を着せられ自分の領地に送還された直後の一五一三年に編まれた二五章で、彼は――苦い経験から――運命の女神フォルツゥーナが政治を支配していると書いた。評判の悪い彼の言い方によれば、フォルツゥーナは気まぐれな女性であり、ご機嫌をとったり、言い寄ったりして自分に引き寄せなければならないのだ。周知のようにマキアヴェッリが用いている言語は、現代人の耳には不愉快なものである。「慎重であるよりは果敢であるほうが良い。なぜならば、運命は女だから、そして彼女を組み伏せようとするならば、彼女を叩いてでも自分のものにする必要があるから。そして周知のごとく、冷静に行動する者たちよりも、むしろこういう者たちのほうに、彼女は身を任せるから。それゆえ運命はつねに、女に似て、若者たちの友である。なぜならば、彼らに慎重さは欠けるが、それだけ乱暴であるから。そして大胆であればあるほど、彼女を支配できるから(1)」。

彼が用いているメタファーを無視すれば、マキアヴェッリの洞察は現在にも通用する。政治というものは気まぐれな女神に見つめられながら演じられるのだ。実際の政治は科学などではなく、狡猾な人間たちが、フォルツゥーナが彼らの行く手に投げ入れるものと折り合いをつける絶えざる試みなのである。政治の基礎的技量は身をもって学ぶものであって、教えられるものではない。画家が使う材料が絵具だとすれば、政治家が使う材料は時間である。政治家は突然の、想定外の、容赦ない変化に絶えず順応してゆかなければならないのである。知識人は理念や政策それ自体に関心をもつだろうが、政治家の関心はもっぱらある理念を実現すべき絶好の機会が到来したかどうかという問いにある。政治は可能性の技芸だと言う場合、それは、今、ここで可能なのは何であるかを知る技芸を意味している。この可能性には未来の可能性も含まれる。

将来を見通す力のある政治家には、その部屋の背後にある新しい機会へと導く隠された扉が見える。政治における運と呼ばれているものは実際にはタイミングを読む才能、いつ攻めるべきか、いつ雌伏してもっと好い機会を狙うべきかを知る天賦の才のことである。政治家たちが自分の運命を不運のせいにする場合、彼らは実際にはタイミングのせいにしているのだ。タイミングをコントロールできると信じ切っているのは、愚か者だけだ。政治的キャリアにおいて実際にコントロールできるものについて謙虚であることは、まさに分別の問題なのだ。一九六〇年代初頭の英国首相ハロルド・マクミランは、首相の仕事をするうえで最も困難な局面は何かと尋ねられた。「突発的事件《イヴェント》だよ、君。突発的事件だ」。老師はそう答えたとされている。[2] 賢明な政治家は、せいぜいのところ自分の利益のために突発的事件を利用することができるだけだということを理解している。政治家たちはいつでもオポチュニストと非難されるが、熟練したオポチュニストであることは政治的技芸の本質なのだ。政治における不器用なオポチュニストとは、端的に、あまりにもあからさまに、好機を利用しているように見えてしまう人物である。熟練したオポチュニストとは、彼が好機を創出したと公衆を納得させる人物のことである。

私の政界入りのタイミングは自分で選択したものではなかったが、多くの人と同じように、状況を上手く利用することができるだろうと考えた。私はかつてマキアヴェッリについて教えたが、彼を理解してはいなかった。私は時間を支配できると思っていたのだが、時間に抗うことはできないということが分かっただけである。

トロントのチームと私は数カ月をかけて、卓越した連邦議会議員であるジーン・オーガスティンの歓心を買おうとしていた。一三年近くその職を務めて引退する彼女に、後継者として私を候補者指名選挙に立候補させてくれるように説得したかったからである。一一月末に彼女は、再出馬するつもりはなく、彼女に代わって私が議会に立候補するのを支持すると宣言した。私はケネディ・スクールのヴィーナー大講堂で最後の講義を行ない、学生たちと写真を撮るためにポーズをとり、スザンナと一緒にトロント行きの飛行機に乗った。それというのも、トロント西部の郊外にある人口約一〇万の地域エトビコーク－レイクショアー選挙区から出馬するために、自由党の候補者として所定の手続きに則って指名されると考えたからである。

私の政治的通過儀礼の舞台は、ワグナー風の名前のバルハラ・インで、そこには七〇年代式の大きな宴会場をそなえた、トロントの都心部とピアソン空港を結ぶ高速道路を降りてすぐのところにある空港ホテルだった。今ではそれはマンション建設のために更地にされてしまった。近頃その場所を通り過ぎると、そのホテルが実在したのだろうかといぶかしく思うことがある。

二〇〇五年の寒い一二月の夜に空港リムジンがバルハラ・インの正面に停車すると、駐車場、エントランス、ロビーは数百人にのぼるデモの参加者によって埋め尽くされた。彼らは口々に「恥を知れ！恥を知れ！恥を知れ！」と叫び、「イギー、ゴーホーム」と書かれたプラカードを掲げていた。

ここが私の国《ホーム》なんだと私は思った。デモの参加者の中にはジョージ・ブッシュの仮面をかぶり、イラク侵攻を支持したとして私を非難していた者もいた。他にも、鮮やかなオレンジ色のグアンタナモ収容所の囚人服を身に着けた連中がいて、拷問の擁護者として私を非難しようとしていた。それは、『許される悪《レッサー・イーヴィル》はあるのか』(3)というタイトルの私の著書のとんでもない誤読に基づいていた。全体の中で最も大声で叫んでいたのはウクライナ系カナダ人の群衆であり、彼らは私をロシア国粋主義者だと罵倒するために来ていた。その根拠は、私の父親がウクライナ出身であるということであり、そしてまたしても、一三年前に書かれた『血と帰属』〔『民族はなぜ殺し合うのか』〕の中の一節の、寛大に表現すれば、誤読によるものであった。その本で私は、ウクライナの独立について、「私の頭に浮かぶのは、刺繍した農民シャツ、民族楽器のかん高く哀れっぽい音、マントにブーツのえせコサック、卑劣な反ユダヤ主義といったものばかりである」(4)と指摘した。これらの言葉に含まれるアイロニーや、それに続く主権国家で独立国家のウクライナを支持する一節を、誰ひとりとして読んではいなかったのだ。(5)しかしながら私たちの車を取り囲んだデモの参加者たちにとって、一九九三年に私が語ったことは口実にすぎなかった。自由党の幹部会に在職中のある議員によって率いられたウクライナ人の集団は、エトビコーク-レイクショアー選挙区に自分たちの代表の議席を得ようとしていたのだった。それで彼らは、私がジーン・オーガスティンと「取引《ディール》」したことによって、彼らの目論見が崩れたことに激怒していたのである。そういうわけで彼らは何年も前に私が書いたものに飛びついて、私が候補者になるのを拒否するために最後の戦いを展開したのだった。

政治というものがもつこの側面——何年も前に述べたことを政治的なやり方で誤読すること——は、私にとって新しいものだった。実際に書いたことについては十分に責任をとる用意があったが、問題の核心は私が何を書いたかではなかった。けっしてそうではなかった。問題の核心は、どのようにして対抗者が「記録」を彼らの利益になるように歪曲するかだったのだ。「妨害調査」、すなわち文脈から切り離して有罪の証拠となるビデオクリップ、写真あるいは文章を探し出すことは、現代政治の兵器庫における重要な道具となった。さらに「妨害調査」を専門とする業者には、インターネット上に広大な新しい狩猟場があるのだ。フェイスブックとツイッターの時代には、自分の不利になるように用いられかねない話や行動をけっしてしないか、あるいはどんな結果になろうと放置するか、その間で選択しなければならない。私は断固として放置することに決めた。いずれにしても対抗者の巧妙な悪意から人質にされている自分の生命を守ることなどできないからだ。考えていることをいま口にするのを止めてしまえば、最後にチャンスを得たとしても、その考えがどんなものであったかを忘れてしまっていることだろう。

リムジンの窓越しにデモの参加者を見渡すと、私は説明したいという滑稽な欲望を感じた。ジョージ・ブッシュのマスクを着けた少女や少年たちにこう語りたかった。「一九九二年にイラク北部で私が見たこと、サダムがクルド人を毒ガスで殺戮した様子をきみたちが見ていさえすれば、なぜ私がイラクに侵攻しなければならないと考えたかを理解するだろう」。グアンタナモ収容所の囚人服を身に着けた人びとにはこう言いたかった。「もしあなたたちが実際に『許される悪はあるのか』を読んでいたならば、私もあなたたちと同じくらい拷問を嫌悪していることが分かるだろう」[6]。すべて誤解なのだ。私は一切を説明できた。けれども私は、政治において説明はいつでもずっと遅れてやって来ることを理解しなければならなかった。けっして説明しないし、不平不満も言わない。幸運ならば、復讐を果たすことができるだけなのだ。

車のスモークガラスの向こう側で私たちを非難するデモの参加者に取り囲まれて、車内のスザンナと私はお互いに見つめ合った。一瞬私は方向転換してハーバードに戻りたいと感じたが、彼女の眼差しは明白なメッセージを送っていた。これは私たちが想像していた帰国風景とはまったく違っていたが、なすべきことはひとつしかなかった。車を降りて戦うことである。

私たちは抗議する者たちやテレビカメラや大騒ぎを見るためにやって来たレポーターたちをかき分けて前進して、ロビーを通り、蒸し暑いホテルのボールルームにある演壇へと進んでいった。私のチームは大勢の支持者を最前列に陣取らせていた。彼らは、群衆がホールの後方で私をやじり倒そうとしようとしている間、拍手をして歓呼の声で私を迎えてくれた。群衆が掲げるプラカードは次の物語を語っていた。私の指名はデモクラシーに反するものであり、欺瞞である。私はウクライナ系住民の敵である。私はジョージ・ブッシュの擁護者である。

私は憤慨に堪えなかったことを覚えている。いったいどうしてウクライナ系住民は、彼らを軽蔑したとして私を非難できるのだろうか？　私の曾祖母と曾祖父はウクライナに葬られているのだ。[7]私は群衆に語った。私がウクライナを訪れたとき、住民はパンと塩の伝統的贈り物によって迎えてくれた。彼らが私を友人として歓迎してくれたとすれば、同胞市民が私を敵と見なすことがどうしてできるのだろうか？　さらに私はこう言い添えた。なぜ私たちはこんな風に分裂を繰り返すのだろうか？　私はロシア人ではなく、あなたたちはウクライナ人ではない。私たちはカナダ人でしかないのだ。ウクライナ人やグアンタナモの囚人服を着て抗議する者から発せられるシュプレヒコール——恥を知れ、恥を知れ、恥を知れ——、と私たちの陣営から発せられる「マイクが好きだ」という合唱の中、しゃがれ声を張り上げた。

バルハラ・インで、私は初めて、むきだしの闘争としての政治にさらされた。本音を言えば、私はけっこう楽しんでいた。非難する者たちが抱く誤った信念に対して、正当な怒りを露にしたのだ。政治においては正しい信念であろうが誤った信念であろうが問題ではないということを、これから学ばなければならなかった。闘争としての政治ではどのような非難もまかり通るのであり、闘争において重要なのは信念が正しいことを証明することではなく勝つことである。その夜は私が勝ったのだ。例のメン・イン・ブラックは、私の指名選挙を監督させるために、党全国委員長のマイク・エイゼンガを連れてきていた。さらには指名選挙が万事ルールに従ってなされたことを保証するために、党の法律家も同席した。群衆が吠えたてていたにもかかわらず、私は集まった党員から正当に指名されたのである。その後私は裏口のドアから外に連れ出され、私の選挙チームとの最初の会合の場所へと連れ去られた。

私の立候補に反対する人びとを見て私がショックを受けたように、選挙チームもショックを受けたにちがいない。だが握手をしてお互いを知るようになるにつれて、彼ら以上の味方はいないということが分かった。彼らは選挙区から集められた地元のコミュニティの住民であり、全部で一二人しかいなかった。その中には車椅子に乗った尊敬すべきマリオン・マロニーや、彼女に付き添う息子のジェイミー・マロニー、私の選挙運動の公式エージェントになることに決まっていた不動産専門弁護士のアーマンド・コナントがいた。さらにはジーン・オーガスティンのアシスタントであるメアリー・カンサー、そしてジーンが率いる少人数の組織に属するその他のベテランが数人いた。ジーンは彼女のチームを「高性能の小さなエンジン」と呼んだ。彼らを仔細に観察すると、そのチームはなるほど小規模なものだったが、私は彼らについて誤解していた。やがて彼らが献身的に働く人びとであることが分かったのであり、彼らは今でも友人である。私に賭けることによって彼らが何を受けとることになるのかは知る由もなかったが、最後の最後まで彼らは私を見捨てることはなかった。

ところで私は指名されたが、おそらくはトロント地域において最も論争の的になる候補者だった。指名後の五五日にわたり私の選挙運動チーム——商業地区の弁護士、コンピュータ名人の若者たち、地元のコミュニティの住民たちの混成チーム――は、私を有能な政治家に変身させようとした。それは容易なことではなかった。あらゆる有権者には時間を費やしてソクラテス的対話をする価値があると信じて戸別訪問を始めた私は、滑稽であったにちがいない。選挙運動チームは目を丸くして、私を隣の家に引っ張っていった。

当時は自覚していなかったのだが、私は何もかもが逆さまになる鏡の国の中に、誰もが公職を求める素晴らしい精神世界に入り込んだのだった。私はこれからの人生の五年間を、絶えず他人の意見に左右される状態の中で過ごそうとしていた。一九世紀のフランス人作家エルネスト・ルナンはかつて、国民とは「日々の人民投票」のことだと述べた。公職を求める人びとにとっては、デモクラシーとはまさしくそのことなのだ。すなわち一分一秒ごとに、街路で住民がどのようにあなたを見ているのか、あなたが近づいて彼らと握手するときにどのように応ずるのか、あなたが飛行機の通路を進んで座席に着いたときにどのような反応をするのか、それらの中に自分の評価を見るという人民投票なのである。(8)公職に就こうとして立候補したことがない者には、自分がこの日々の人民投票に、つまり人びとの仕草に、公共の広場に出かけたあなたに市民が見せる承認を示す微笑み、不承認を示すしかめ面に、どれほど左右されるようになるかをまったく理解できない。そういうものを、私は世論調査以上に大事にした。元ニューヨーク市長のエド・コッチはニューヨーク市のあちこちを歩きながら、一日に何百回も「具合はどうだい?」と言ったとのことである。(9)今ではこれが正真正銘の問いかけだったことが分かる。彼が言ったのは私の具合はどうだい、上手くやってるかい？「あなたは、私が上手くやっていると思うかい？」だったのだ。この問いかけに対して自分がどう答えるかはほとんど重要ではなかった。私は出会ったあらゆる人びとの手に自分の運命を委ねたのだった。同胞市民によるこの絶え間ない、瞬間瞬間のテストによってどれほど完璧に私が支配され、自分に価値があるかないかを決めることになるかということが、私には分かっていなかった。

エトビコーク－レイクショアーのショッピングモール、集合住宅地域、雪におおわれた郊外の通りで有権者に投票を訴えて歩き回りながら、私はどの顔を見ても支持を示すサインを求め、未決定、忌避あるいは明白な拒絶を示す微妙な合図を見極めようとした。全般的に住民は投票を訴えて歩き回る政治家に対して驚くほどに丁重だが、彼らはシグナルをも送っているのだ。車の窓越しにちらしを受けとり、それを丸めて車を出す男性は、金輪際お前に投票しようとは思わないと語りかけている。エプロンで手を拭きながら玄関まで出てきて、そこであなたの主張を聞いてくれる女性は、ひょっとしたら味方になるかも知れない。楽しいおしゃべりをしようとして家の中に招き入れようとする老人は、たんにさびしいだけである。あなたが高等教育の財源について演説をするときに、地下鉄の駅でイヤホーンを耳から外して満足げにうなずく若い女性は、彼女が実際に投票所にゆくことを忘れなければ、あなたに投票しようとしている。私は誰が当然の支持者であり、誰が説得できない有権者であるかを理解するようになった。私たちの支持層は若者、高等教育を受けた専門職、少数派グループだったが、広大な私道をもつ邸宅がある選挙区の富裕な地域では保守党に後れをとり、さらには選挙区の南部では未組織労働者や貧困世帯の支持を得るために、私たちよりも左寄りの新民主党と激しく競争しなければならなかった。私たちは中道政党であり、中道を制することによって二〇世紀の大半にわたりこの国を運営してきたが、私たちの支持基盤は両側から切り崩されていると感じざるをえなかった。

私たちは交通量の多い交差点に面した、今は使われていない銀行を選挙本部として借り受け――私には地下の金庫室に窓のない小部屋が与えられた――、間もなくその場所は選挙運動員でいっぱいになった。もしあなたが政治好きならば、選挙事務所は堪えられない場所である。それは組織化されたカオスである。テーブルのうえにはいたるところに飲みかけのコーヒーカップ、持ち帰りの中華料理やピザの残骸が散乱している。妻が用意したハンガリー風スープ、絶えず出入りするまったくの赤の他人、インタヴューをしようとして周りをぶらつきながら待っている報道陣、地図で埋め尽くされた奥の部屋では若い世論調査員が敵のテリトリーと好意的なテリトリーを区別して表すために色別にマークしている。私たちの陣営にはロブ・オリファントという教会の牧師さえいた。彼自身が後に立派な議員になることになったが、とくに私に対して精神的なアドヴァイスを与えるために定期的に事務所に立ち寄ってくれた。選挙作戦の中核を担っていたのは、データ屋の若い男女たちであり、青い顔をして、眠る暇を惜しんで、コンピュータ上で選挙運動の結果を見つめ、皆目見当のつかない選挙戦の中で私たちがどのあたりにいるのかを数字で示してくれた。

使われていないあの銀行のカオスの中で私は、政党がどのようなものであるかを初めて理解した。階級や所得、人種、宗教および年齢によってますます隔てられ、きわめて多くの人びとが独り暮らしをしており、公共の広場が寂れているように感じられる社会的断片化の時代にあって、政党とは見知らぬ人びとが共有しているものを守るために、そして共通の大義を掲げて戦うために集まる場所なのだ。雪の積もる街路に面した家のドアをたたくために出かける前に、選挙事務所に殺到してきた選挙運動員には調査票が手渡される。そのときにはいつも、私は部屋の中央にある壊れそうな椅子から立ち上がり、君たちはたんに私や自由党を代表しているだけではないのだと、語ったものだった。彼らはこの国の最良の部分を代表していたのだ。私たちは、私たちを分断している人種、民族および階級の障壁を打ち壊すような選挙運動を繰り広げたのである。私はこれまでにこれほど多様な人びとと一緒に仕事をしたことはまったくなかった。パキスタン人の軍人カリファ少佐に率いられた「アフマディー教団」のムスリムたちは、夜中に選挙区にチラシを配るために大勢集まってくれた。イタリア人の大工ローンサインは選挙前に庭先に立てる特定候補者・政党の支持を表明する標識を作ってくれた。カリブ人のコミュニティは私の前任者ジーン・オーガスティンの決断を支持してくれた。そして最初はためらいがちにではあったが、今では、はっきりと私のために働いている。ブラッド・デイヴィス、ミルトン・チャン、マーク・サカモト、そしてサチン・アガーワルに率いられた学生や若手弁護士たちが、私の立候補に手を貸してくれた。その理由は私が立候補することで、彼らの世代が自由党を刷新する機会が与えられるからである。選挙区の北部で高層住宅のプロジェクトに携わっている「メイベル社」からは色鮮やかな民族衣装を着たソマリア人の女性が派遣されてきた。ポーランド人カトリック教徒は、同性婚と中絶に寛容な自由党の立場と彼らの信仰との間でなんとか折り合いをつけようとしていた。地元の教会の司祭テリー神父を含むかなりの数のウクライナ系住民は、彼らのコミュニティにおける私に対する嵐のような敵意に対抗して敢然と立ち上がった。電話選挙運動員たちは、十数カ国の言語を操ってわが党の宣伝をしてくれた。

何人かの運動員は目覚ましい働きをした。ポスター貼りのスティーヴ・メガネティは、感情のこもらないゆっくりとした話し方をする、ジーンズをはいた背の高い白髪の男性で、全有権者の家の壁にわが党の選挙ポスターを貼り付けてくれた。彼は長年にわたって自由党の支持者であり、私の手伝いをするためにナイアガラにある自宅から片道一時間半をかけて車を走らせてやってきた。彼は、当時の首相ポール・マーティンが二〇〇三年に前任者ジャン・クレティエンを追い落としたことで生じた党内抗争にうんざりしていた。その事件以来、かつては偉大な全国的組織であった自由党が争い合う派閥に分裂してしまった。私がスティーヴに、どうして私のために働こうとして毎日やって来るのかと尋ねたところ、彼は簡潔に「自分の党をとり戻したいからだ」と答えた。

それから心優しいシーク教徒の男性バルジット・シカンドがいた。彼はいつでも驚くほどにスマートで上品な色をしたターバンを着こなしていて、エトビコークにある温室の傍の小さな小屋から出発して、今では何ダースもの運転手を擁する「ブルーミングデール・リムジン・サービス」を経営している。バルジットを味方につければ、地元のシーク教徒コミュニティの大部分を掌握できる。さらにはコミュニティでタクシーやリムジン・サービスを運営している者なら誰もが手にすることができるに違いない、他では聞く事ができないような有益な地元情報を得ることができる。

それは一二月から一月にかけての選挙運動のときのことだった。私は一日に三回個別訪問を行なった。そのときの出で立ちは、かつて北極圏を旅するために買い求めたフード付のパーカーを身に纏い、スノーブーツ、スノーパンツ、毛糸の帽子と手袋をしていた。太陽は午後三時半にしずんだので、私たちは暗闇の中を雪の積もった道路を重い足どりで歩いた。敵陣営は私のことを、無関係な土地で公職に就こうとする政治家を意味する「カーペットバガー」であるとか「パラシュート候補者」だとか呼んでいた。そんな候補であっても頑張れば勝利を得ることができるということを、私と戸別訪問チームは断固として示そうとしていた。

私は何千ものドアをノックした。今でもいくつかの出会いを覚えている。小さな少年を従えてエプロンで手を拭きながら玄関までやって来た婦人がいた。ここにいるブライアンは喘息にかかっているの、と彼女は言った。「空気中から汚染物質を除去するために、あなたは何をしようとしているのですか?」ほとんど凍てついた玄関口で私は全力を尽くして、彼女の信頼を得られる環境政策綱領を訴えようとしたが、ブライアンの夕食を終わらせるために室内に戻って行った彼女を説得できたのだろうかと思いながらも、政策綱領のレトリックと有権者の優先事項との間には深い溝があると感じたのであった。けれどもこの出会いや他の幾百の出会いから、私が政治に携わろうとしているのは彼女のような人のためであることをも理解するようになったのである。

クリスマス・イブのこと、涙を浮かべた若いカップルがドアを開いた。後で参りますと私が言うと、彼らは中に入るように手招きして、甥の葬式からたった今帰ったばかりだと語った。何人かの友人と一緒に外出していたときに、彼は麻薬ギャングたちが突然始めた撃ち合いに巻き込まれたのだ。まだ二二歳の甥は、流れ弾が背中に当たって即死した。数週間後に市民ホールで開かれた、彼のための追悼礼拝に出かけた。議会で私たちが、カナダの銃規制法を骨抜きにしようとする政府に対して戦ったのは、クリスマス・イブに出会った、あの悲しみにうちひしがれた選挙民の側に立っていたからである。

玄関先での政治は、どれほど世界が分裂しているかを計るための尺度となる。この分裂した世界を乗り越えることが、政治家の職務なのである。曲がりくねった私道の先にある立派な玄関先で上品な婦人が政党の綱領について尋ねたのに続けて、税金を上げるいかなる政党にもどうあっても投票できないと言い放ったので、退散したことを思い出す。それからみすぼらしい、火の消えた、異臭を放つ集合住宅群もあった。そこに住む移民の家族はドアを開けようとはしない。ドアを開けてくれた貧しい若者たちは、半分裸で、入れ墨をし、コカイン中毒で目は大きく開かれて、もうろうとしていた。

私たちの地元での選挙運動は、トロント全域の自由党員から支持を獲得した。私たちが経験を積むほどに熱狂は高まっていった。けれども全国的趨勢は、それとは正反対だった。私たちはわが党が勝つだろうと思いながら選挙を迎えた。自由党政府は赤字を削減した。さらに一九九〇年代における財政規律を回復するために私たちがとった方法は容赦ないものであったが、世界中から称賛された。経済は成長し続け、首相は持続的繁栄の諸条件を創出したことによって広範な信頼を獲得した。しかしわが党は一三年にわたり政権の座にあったので、党も政府もともに目に見えて分かるほど疲弊していた。またかつての輝きを失っていた。一九九五年の分離独立をめぐる国民投票はあわやケベック分離派の勝利に終わるところであったが、そのお祭り騒ぎで、政府はケベックにおけるイベントを後援するプログラムにお墨付きを与えた。それはケベック住民の精神にカナダのイメージを高めるはずであった。かなりの額の金銭、実際には数百万ドルが不正に使われ、半ダースもの腹黒い政治のプロが相当な金銭を横領した。首相は調査を命じて、有罪となった関係者は監獄に入ったが、保守党は「後援金スキャンダル」をめぐってわが党を攻撃し、一般の公衆もそれに同意しているように思われた。

似たようなことが選挙戦の中盤でも起きた。「王立カナダ騎馬警察」〔別名王立カナダ国家憲兵はカナダの国家警察であり、連邦政府の警察〕、愛称マウンティーズが、自由党の財務大臣が株式市場における仲買人や投資家に市場変動の情報を漏洩していた疑いで調査をすると発表した。告訴は馬鹿げたものであり、結局のところ、警察は彼の濡れ衣を晴らすことになったが、ひとたび警察が選挙運動に介入して調査を発表すると、それは全国規模の選挙に対する前例のない妨害となって、全国世論調査におけるわが党のリードは瞬く間に消え去ってしまったのだ。

投票日の一〇日前に例の「データ屋」が浮かぬ顔をして、わが党は負けていると言いながらやって来た。保守党支持は急上昇し始めていた。彼らはすっかり自信をつけ、党首のスティーヴン・ハーパーは私の選挙区にあるウクライナ系住民の大聖堂を訪れて、集まった群衆に向かって「イグナティエフをハーバードに送り返せ」と呼びかけた。私たちは大勢の運動員を動員して、私は午前一一時から夜の九時半までドアをノックした。その一方で私の妻は選挙区の事務所で電話番をしながら、私たちが動きつづけられるように料理をした。選挙運動の最後の週末に、私の立候補に不満を抱く自由党のウクライナ系住民の一派は、選挙区の保守党本部の策略にまんまと乗り、私の対立候補を支持することにした。その後すぐに新民主党の党首ジャック・レイトンは何千ものロボコール〔録音された音声を電話で自動的に送信する、選挙運動やマーケティングで用いられる勧誘方法〕を送信して、私たちの選挙運動は統一がとれていないので、すべての進歩派有権者は彼らの側に付くべきだと、露骨な宣伝をした。結局のところ選挙運動はそんな風に荒れ狂って幕を閉じた。

二〇〇六年一月二三日の選挙当日には、予測に反し、また大部分はほぼ五〇〇人にのぼる選挙運動員が殺到してくれたおかげで、私たちはエトビコーク‐レイクショアーで楽勝した。私は政治における最も単純な教訓、すなわちやる気があるということをはっきりと示せ、という教訓を学んだのだ。私たちがそれを示すと人びとは私を支持してくれる。そのような信任票を与えられ、何千もの同胞市民から信頼されることは、不思議で粛然とした経験だった。そのときまで私は自分のために話していただけだった。私は家族と自分自身に責任をもつだけだった。今では私は見知らぬ人びとの代弁をして、彼らに責任をもたなければならないのだ。

地元のディスコ兼ダンスバー「ハリウッド」のすし詰めの地下室には、テレビケーブルが床中に張り巡らされ、ライトがギラギラと輝いていた。私はそこに集まったまったく知らない人びと、同胞市民、そして勝利を可能にしてくれた何百人ものボランティアにも感謝した。スザンナは、選挙で勝利したときに私が朗読できるよう、あるハンガリー人の詩を書きうつしておいてくれた。その詩が伝える控え目で飾り気ないメッセージが私は好きだった。メン・イン・ブラックのひとりイアン・デイヴィーは「詩なんて無駄だよ」とつぶやいた。いずれにせよ私はヨーゼフ・アッティラ〔一九〇五―三七年。二〇世紀ハンガリーを代表する詩人〕が書いた「ダニューブ川のほとりで」の最後の一節を朗読した。

私は仕事がしたい。人間にとって
私たちが実際に行なったことのすべてを本当に告白するのは難しい。
過去、現在、そして未来を愛しむドナウ川は
その急速な水が流れるように、私たちを優しく引き入れてきた。
かつての戦争で流された私たちの父親の血から

平和、共通の記憶、そしてお互いへの思いやりが流れ出て共通の事柄に秩序をもたらす。これこそが私たちの任務なのだ。そしてそれは困難なものになるだろう。(10)

手を振る支持者やジャーナリストがひしめく騒々しい地下のディスコで詩を朗読をするのは奇妙なことであり、私が宇宙人のような知識人だという印象を強めたのはほとんど確実だったが、私は気にしなかった。「共通の事柄に秩序をもたらす」ことは、その後数年間にわたる私にとっての政治という職業を定義する方法のひとつになったのである。

ほぼ一時間後に依然として「ハリウッド」の地下で私たち全員は、投票所が閉じられ国中の投票者がスティーヴン・ハーパーと保守党に僅差で勝利させた有様を眺めていた。保守党は相対多数の議席と得票を獲得したが、下院で絶対多数を制するには不十分だった。私はこの逆境を受け入れて、自分の政治的キャリアが連邦議会の野党席で始まることになるということを実感しつつあった。まさにそのとき、首相のマーティンがテレビに出演して敗北を認めるとともに党首を辞任すると宣言したのである。彼の後任者を決める党首選が直ちに始まろうとしていた。「パラシュート候補者」が安全に着地できたかどうかを見にやって来た大勢のテレビクルーやジャーナリストたちは、党首選の候補者になるつもりがあるのかどうかを聞こうとして私を取り囲んだ。ジャーナリストたちは、もし私が立候補すれば最有力候補になるだろうと遠回しに言った。カメラライトの眩しい光の中で、フォルツゥーナが私の人生を左右することになったのだ。

初めて登院したことと、自由党議員団《コーカス》の最初の会合に出席して、辞職する議員や落選議員が党議員団の同僚に向けて行なった最後の話に耳を傾けたこととを除けば、その後の数週間を私はほとんど覚えていない。落選を免れた私たちは、落選した同僚の話にもっと注意深く耳を傾けるべきだった。保守党の勝利は一時的なものだと、そう私たちは考えていた。当然の統治政党であるわが党は、すぐに政権に復帰するだろう。私たちは「ペナルティー・ボックス」に送り込まれたにすぎないのだと考えて、安心していた。敗北はたんに一時休止《タイムアウト》だった。政治には、たとえそれが間違っていたとしても、皆が同じことを話すようになれば、都合の悪い事実を隠蔽できるという幻想的効果があるのだが、私はその洗礼を受けたのだった。わが党の落選した同僚のなかには、公職にあったときを思い出して涙を浮かべる者もいたが、彼らの方が私たちよりも事態をよく理解していたようである。彼らが言うには、「君たちは今は理解できないだろうが、荒野に向かって突き進んでいるのだ」。確かに私たちは、前方にある野党という荒涼とした砂地がどれほど遠くまで広がっているのかほとんど知らなかったのだ。

新議会が招集されて、初めて議席に座ることになるその数週間前に、メン・イン・ブラックが再び現れて、党首選の全国キャンペーンをどのように運営するかを考えるための会談をした。私たちは党首選は数年先のことだと想定していたが、一二月に全国大会がモントリオールで開催されると決まっていたので、党首選は今やすぐ目の前に迫っていた。モントリオールの党大会では国中の三〇八の選挙区から選出された四五〇〇人の代議員が集まり、秘密投票によって次期党首を選ぶことになる。もちろん当時の私たちには知る由もなかったのだが、これは党首が本当にこのような代議員による集会で選出されることになる自由党史上最後の機会となった。それは騒々しくて激しく対立する選挙戦になりそうだったので、私たちは準備を整えなければならなかった。この選挙に参加するボランティアが登録を始めており、寄付金も集まり始めていた――数百万ドルが必要になるだろう。私にはハムレットを演じる余裕などなかった。私は運が良かったのだろうか？

何もかもが私たちの予想とは違っていたが、スザンナと私はともに、そんなこんなで戻って来られたということは理解した。私には政治的経験が欠けていたことを考えれば、これ以上に良い機会は決してないだろうということを理解していた。だとすれば私たちは運が良かったのだ。実を言うと私は、難コースの頂点から滑降を始める訓練中のスキーヤーのように感じていた。私はスキー板の下で軋む氷の音を聞くことができたし、滑降中の加速も感じることができた。しかし私は、丘の頂点へと向かう席を手に入れたと自分には言い聞かせていた。今度は安全に降りて行かなければならない。

連邦議員としての最初の選挙に勝利して議員宣誓を済ませてから八週間後に、私はカナダ自由党の党首選に立候補すると宣言した。私にはこれから九カ月に及ぶ大陸横断の選挙戦が待っていた。そして全国のいたるところに、またこれまでその存在すら自覚しなかった私の内面の場所へと導かれることなるのである。

# 第四章　部屋を読む

わが国のような大きな国における全国的な党首選には、純粋に物理的な困難が伴うということが広く知られつつあった。何と言っても、わが国は規模の点で世界最大のデモクラシー国家であり、六つの標準時間帯、五つの地域とふたつの公用言語からなる広大な国なのだ。党首はモントリオールで一二月に選出されることになっていた。その選挙は大西洋から太平洋までの、北極圏の北からアメリカとの国境までの五〇〇〇キロにわたり広がる三〇八の各選挙区において約六万人の党員によって指名された代議員によって行なわれる。党首選に勝利するためには、北部の先住民居留地であれ、東部の小さな漁村であれ、あるいは西海岸の小奇麗な高層アパートであれ、どこに住んでいるかにかかわりなく、これらの代議員の過半数以上を獲得しなければならい。数万キロの移動と数千回の握手、会談、深夜の交渉、取引のための会合、そして選挙資金集めの集会が行く手に待ち受けているのだ。

私が立候補宣言をしてから数週間で、一二人の候補者がレースに加わった。その候補者たちは選挙によって選ばれる公職に就き、政府の大臣を務めた経験豊富な男女だった。彼らは皆私よりも政界に精通していた。彼らは手ごわい競争相手であり、そのなかにはモントリオール・カナディアンズのゴールキーパーであるケン・ドライデン、一九九〇年代の論争で分離主義ナショナリストを打ち負かしたケベック人ステファン・ディオンが含まれていた。そして大事なことを言い忘れたが、子供のころからの友人ボブ・レイがいた。彼は新民主党を離党して、党首の座を競うために自由党に入党したのである。

私はボブよりも優位に立っていると考えた。なぜなら私は連邦議会に議席を獲得したのに対して、彼は選挙に立候補しなかったからである。前年の党大会での演説は何千人もの代議員に強い印象を与え、メディアが広い紙面を割いたおかげで、私の帰郷物語は読者の関心を呼んだ。上院議員のデイヴィッド・スミスはこの上ない政治的技量を駆使して議員団に働きかけ、多数のベテラン政治家が私の勝利を信じて、私の立候補に賛成する署名をした。これら各方面からの支持は、ひとつのパラドックスを生み出した。私はアウトサイダーのなかのアウトサイダー——事実私には自由党の上層部にひとりも知り合いがいなかった——でありながらも、党首選に突入した数週間のうちに主流派の候補者になろうとしていた。このことが私のチームの内部に緊張をもたらした。選挙戦を戦った若者たちは自由党を根本的に改革しようと望んだ。私の後ろ盾になった職業政治家たちのほとんどは、従来通りの自由党を維持しようと望んだのだった。

誰でも政界に入った瞬間に、対抗する者から定義されるようになる。彼ら対抗する者を打ち負かさないかぎり、候補者としての統制力を失いかねない。私は今や主流派の候補者というラベルを貼られており、自由党外の敵対者からはジョージ・ブッシュの擁護者とされようとしている。党首選の初めのころオタワ大学で講演したときには大群衆が集まったが、ちょうど私の話の中盤にさしかかったころ、アブグレイブの囚人のように見える扮装をした三人のフードを被った人物が立ち上がり、講演が終わるまでずっと黙って立ち尽くしていた。私は群衆に向かって抗議は歓迎すると語りかけて、このような状況に対処するリベラルとしての最善の努力をしたが、全国のメディアがその様子を見守っていたことを考えれば、自由党外の学生による行為が、拷問や不法拘留の濫用を擁護する者として私を定義するのにかなり成功したことになる――私も彼らと同様にそれらを嫌悪していたのだが。

これらのプレッシャーや対抗プレッシャーおよびおびただしい量のメディア報道を理解するにつれて、私のチームと私はメディアに注目されたからといって党大会の代議員を獲得することにはならないことに気づいた。握手する度に支持は増える。人びとが暮らしている場所に姿を現さないかぎり票を得られはしない。私の場合にはあちこちに顔を見せながら、苦労して支持を集めていることを訴えることは、エリート主義者と肩書を持ったディレッタントというイメージを葬り去ろうというのであれば、とりわけ重要だった。

そういうわけで私たちは遊説に出た。他のすべての出馬候補者と同様に、九カ月にわたり私とスザンナはアシスタントのマーク・シャリフォーと一緒に、飛行機と空港で暮らした。目的地に早く到着するためには大型飛行機を利用し、急がない場合には友人のジェフ・キーホーが操縦する四座席の小型飛行機を利用した。小型飛行機は大草原や森林の人里離れた荒涼とした広がりや、たったひとつの玄関の明かりがついた点在する農家や、窓の外に見える広大な暗黒の広がりや、紛れもなく広大な国の夜が明ける有様を眺めながら、二〇〇〇フィート上空をゆっくりと飛ぶ。私たちが眠りに落ちたホテルでは、廊下は薄暗くて明かりの具合が悪く、ドアの外には食べ残しのトレイが置かれていた。私たちはティム・ホートンの紅茶パック、ヨーグルトとビスケットを食べて暮らした。私たちはずっと遅くまで起きていて、とくに深夜の人っ子ひとりいない空港のラウンジでは立ったままでも座ったままでも眠ることができるようになっていた。私たちは、酪農を営んでいるマークの両親から借りた車で田舎道を長距離走った。マークは、私たちの回想録のタイトルは『ビュイック・リーガル・イヤーズ』にするべきだと言った。

誰でもひとたび政界に入るとつねに衆目にさらされている。列に割り込んだり、運転手やウエートレスやチェックイン係に苛立ったりしてはならない。自制心を失ってはならない。写真やサインを求めて誰かがやって来たときには、顔を輝かせて出迎えなければならない。選挙戦が終わるまで、私生活をまるごと放棄しているのだ。人びとに監視されているのである。

多くの成功者が政界入りを目論見ながら、果てしなく続く集会や挨拶、一般の人びとが見ている前で無理やり気さくさを装うことを、自分の威厳にもとるものとして軽蔑するが、それは間違っている。

政治という辛く退屈な仕事、終わりなき旅、会合、無理なスケジュール、絶えず衆目にさらされていること、これらすべては他の方法では獲得できない権威を求めてのことなのである。人は誰でも政治のルールを学ばねばならないのだ。

良き政治家は、解説書では学ぶことができないような国に関する知識を身につけるようになる。彼が知ることは、どのように住民が場所を形づくり、どのように場所が住民を形づくるかについてである。ほとんどの形態の政治的専門知識は、地元に根差した知識《ローカルな》ほどには重要ではない。地元に根差した知識とは地元に根差した政治的伝承の詳細な政治的知識、つまり具体的には、地位のある人や権力ブローカー――市長、高校のコーチ、警察署長、大企業の雇用主――の名前のことであり、演台ではつねに彼らの名を挙げなければならない。偉大な政治家はローカルなものに精通していなければならないのだ。彼らは少なくとも、自分がかつて足を踏み入れたことのあるあらゆる場所を記憶していなければならない。どこにいようとも、故郷にいるように寛いでいるという印象を与えなければならない。群衆のひとりにどこから来たかと尋ねたとしよう。偉大な政治家というものは自分とその有権者とをうまく結びつけるように物語をつくり出すことができなければならない。そうすることによって、有権者はひとりの人間として承認されたと驚くのである。政治家を讃えるフランス語の表現は、彼は「土地の男《アノム・ド・テラン》」だというものである。英語にはこれに正確に相当する言葉は存在しないが、存在するべきなのだ。それが意味しているのは、彼らはその土地を知っていて、大地にしっかりと足を据え、人びとが生まれ育った場所を知っていることである。私は政界で多くの土地の男——そして女——を知るようになった。ある連邦議会議員と一緒に東海岸にある彼の選挙区へ飛行機で訪れた際に、仮設滑走路にアプローチするときに通りすぎる農場を彼が熱心に見つめていたのを覚えている。一軒の家を指さしながら「あの家は私たちの支持者だ」と言った。それから隣のもう一軒の家に向かって手を振りながら、しかめつらでこう言った。「膝をついて懇願してもあの家はけっして君には投票しないよ」。彼は自分の土地を知っていた。家畜の群れを査定する農場主のような冷徹な目で、一軒一軒の家を、ひとつひとつの農場を、一本一本の脇道を知っていたのだ。

デモクラシーが政治家にこのような地元に根差した知識を要求する限り、デモクラシーがこのような知識を信用と信頼の基準とする限り、その国は安泰であるはずだ。デモクラシーが場所との結びつきを失うや否や、政治の場所がもはや集会所、居間、レストランや地元の酒場ではなくなり、テレビの画面やウェッブサイトだけになるや否や、私たちは困ったことになるだろう。私たちはまるごと広告宣伝屋や世論誘導屋《スピンドクター》や彼らが垂れ流す夢物語に囚われてしまうだろう。政治は大都市と同様にその国の一部を成す小さな町や僻地のコミュニティで生きている現実ではなく、大都会から操作される見世物になるだろう。インターネットがデモクラシーを可能にするのではないかと話題になっているにもかかわらず、インターネットは政治を真にデモクラシー的なものにする政治の側面、すなわち有権者と政治家との身体的接触を奪いかねない。ユーチューブや広告はリアルな肉と血をもつ人間の間での出会いの代わりにはなりはしない。インターネットが政治の世界を乗っとるならば、現実性《リアリティ》の確認をすることはできず、有権者が生身の政治家を目にする機会をもって、信頼するか否か、信ずるか否かを決定する機会は失われてしまう。政治は身体的なものであり続けなければならない。なぜなら信頼とは身体的なものだからである。

今私はノヴァ・スコシア州のスプリングヒルにあるナイツ・オブ・ピュシアス・ホール、オンタリオ州のリンゼーにあるサム・ヒューズ・レジオン・ホール、あるいはフローラ・シーフードやバンクーバーの中華街にある中華レストランを思い出している。これらの建物やその他の数えきれない建物は、わが国のデモクラシーが息づく、昔ながらの場所だった。壁には旗や幟、女王やかつて首相を務めた人たちの肖像画が地元のライオンズ・クラブやロータリー・クラブの記章とともに飾られていた。中に入ると後ろのテーブルの上にはサンドイッチと一緒に紅茶とコーヒー沸かしがあって、宴会用の椅子が演壇を囲んで半円形に広がっていた。さらに自由党の忠実な支持者たちが最前列に勢ぞろいしていて、数多くの退職者やなかば退職した者、野球帽を被った農夫、地元の組合支部の名のついたTシャツ姿の労働組合員、趣味の良いドレスと靴を身に着けた女性たちがいた。かれらの周りには上品で礼儀正しい雰囲気と慇懃な懐疑的態度が漂っていて、それに飲み込まれないようにしなければならなかった。彼らこそが代議員であり、彼らこそが権力を握っているのだ。

長期にわたる党首選の期間中に、一日に四回、時にはそれ以上、私はそのような現場に足を踏み入れ、まったく見ず知らずの人と握手をして、彼らはどのような人物であるか、何を聞きたがっているのかを知ろうと努め、短い遊説演説をこなし、質問を受けたり、ポスターにサインをしたりして、次の空港、次のホールに移動し、長い一日の終わりになって次のホテルの部屋で眠りに落ちたのである。

　彼らに耳を傾けてもらうためには、彼らが何を聞きたがっているのかを知らなければならない。政治の専門家たちはそれを「部屋を読む」と呼ぶ。優れた政治家が正しく部屋を読む場合には、彼らは聴衆の心を捉えるだろう。読み違えた場合には、彼らは部屋の明かりの下でゆっくりと死んでゆくことになるだろう。それまでに学んでいたことをすべて意識的に忘れることを学ぶまでは、私は瀕死の状態だった。私は賢明であること、弁論に長けていること、流暢に話すことを意識的に忘れなければならず、さらにはどんな結びつきであれ聴衆と結びつきを作ることがどれほど重要かを理解しなければならなかった。私は自分自身の人生に物語を発見して、多くの言葉を費やして彼らに語ることを学んだ。つまり私はあなたを知っていて、あなたは私を知っているという類の物語である。ケベックで私は、叔父と叔母、主として叔母がリッチモンドで経営していた酪農場について話そうとした。東海岸諸州ではニューグラスゴー出身の祖父とフレデリクソン出身の祖母について話そうとした。以前には私にとっていささか抽象的だったこれらのルーツは、今では現実味を帯びてきた。遠く西部では、ロッキー山脈に鉄道を敷設した父親の時代について話した。私はすべての政治家がすることをした。すなわち私の物語を彼らの物語にしようとしたのであった。

代議員に向けて訴えかけながら私は同時に、政権から放逐されてしまって自信と方向感覚を取り戻そうと奮闘中の自由党のメンバーに向けても語りかけていた。私はどの部屋にもいる代議員一人ひとりに対して、私は変革と復活を目指す候補者だと語った。自由党のブランドを傷つけたスキャンダルにまみれていなかった。しかし私は四〇年も遡るリベラルなルーツをもつ、自由党の忠節な党員でもあった。それは歩むには慎重を要する経路だった。私は自由党を率いようとして戦っていたのだが、党の陰謀渦巻く文化には吐き気を催していた。けれども私は、私の嫌悪感があまりにも露骨なものだったとしたら私には投票しそうもない忠節な党員から、票を得ようとしていた。私は彼らに――握手をするたびに、答えをするたびに、微笑むたびに――私には資格があること、私には党のために働く用意があること、そして彼らは私を信頼できることを確信させなければならなかった。

政治の世界は強烈に身体的なものである。手で触れ、捕まえて離さず、そして瞳はいつでも接触を求めている。このどれひとつとして生まれながらに身に着いたものではなかった。私には他人に話しかけられた場合に、見下ろしたり距離をおいたりする悪い癖があった。私はいつでも言葉を信頼し言葉を生かすようにしたが、政治の世界では本当のメッセージは身体的であり、瞳や手によって伝達される。何を言おうとも、身体がメッセージを、すなわちあなたは私を信頼できるというメッセージを伝達しなければならないのだ。

もう選挙戦に入っていた私は、政治の技芸《アート》の達人たちに以前にも増して敬服の念を抱いた。そして二〇〇二年に受けた達人の授業を思い返した。そのとき私はビル・クリントンをニューヨークにあるウォルドフ＝アストリアホテルで開催されたダボス会議の部屋に案内していた。私は名前――たんに名前だけではなく、家族の物語全体――を覚える彼の能力に驚嘆した。その間も彼は握手をしたり、屈んでキスをしたり、誰かを見詰め返したり、動き回ったりしながら、まるで刈取り脱穀機のように出席者を纏め上げていた。その後バラク・オバマ大統領に面会した際に、私の肘に手を添えたこと、即座に私の著書の名をあげたこと、お互いの友人であるサマンサ・パワーを話題にしたこと、彼の何気ない優雅さ、さらには誰かが話しているときに、その部屋の中で彼が関心を持つ人物はその人だけだと感じさせる能力をけっして忘れはしないだろう。

これらは古くからの技芸であり、バルタザール・カスティリオーネの著書『宮廷人』〔清水純一ほか訳、東海大学出版会、一九八七年〕において推奨された技能である。同書は一七世紀の初めにマントバ公爵の宮廷での彼の経験に基づいている。政治において鍵となる才能を記述するために彼が用いた言葉は「さりげなさ」だった。英語にはこれに正確に対応する言葉は存在していないが、基本的には一緒にいると人びとに寛ぎを感じさせる天賦の才能を意味している。昔からずっと、カスティリオーネの助言では次のように教えている。

およそ人間の為したり言ったりすることのなかで、なによりもこの点について有効であると思われるきわめて普遍的な法則を私は見つけました。つまりそれはこの上なく恐ろしい危険な暗礁から逃れるように、できるかぎりわざとらしさを避けることです。（そして新語を用いて申せば、）すべてにある種のさりげなさを見せることです。すなわち、技巧が表にあらわれないようにして、なんの苦もなく、あたかも考えもせず言動がなされたように見せることです。このことから大いに気品が生じるわけです……(1)

「技巧が表にあらわれないようにして、なんの苦もなく」。偉大な政治家は技巧をこらしたものを巧まざるものに見えるようにする。政治における人間の技能はすべて作為を含んでいるが、その作為は気楽さと優雅さによって隠されていなければならない。この作為による優雅さは時間と経験を積み重ねることで習得されるが、教えられはしない。それはテクニックや決まりきった手順ではないのだ。それを授けてくれるような管理職リーダーシップ訓練コースなどはどこにも存在しない。それは人間行動における優美さの一形態であって、理知的な知性よりも運動能力に類似している。そもそもの初めから自然にそなわった優雅さが存在しないならば、いかなる信念をもってしても獲得したり披歴したりすることはできない。私たちがある政治家を「天性の」と呼ぶ際に言おうとしているのは、まさしく彼女には他者と結びつきをつくり、彼らを寛いだ気分にさせ、彼らを特別だと感じさせるこの神秘的な能力があるということである。天性の素質をもつ者であれば練習することによってさらにその能力に磨きをかけることができるが、それが天性のものでないならば、本物には見えないのだ。本物でなければならないのは、政治家たちが羨んだり軽蔑したりする人当たりの良さですらなく、人びとの物語、人びとが自らを語る際の作法、そして人びとが伝えようとしている意味への本物の好奇心と関心なのである。さりげなさに含まれるあらゆる資質の中で私は、政治において最も低く評価されている技能として、聴くこと、同胞市民の言うことに心から耳を傾けることがきわめて重要だと思う。なぜなら人びとが政治家に求めるもの、彼らが要求する権利があるものは、耳を傾けてもらうことだからである。往々にしてあなたには耳を傾けることしかできない。彼らの抱える諸問題は政治的解決の余地がないかもしれない、あるいは少なくともあなたにはその解決策が思いつかないかもしれない。もしあなたが彼らの話に集中して耳を傾け、彼らの肩越しに列をなす次の人物ではなく、彼らの瞳を見つめるならば、人びとはあなたが問題を解決できなくても受け入れてくれるだろう。

私はこれらのことすべてを初めて学んだ。それに私はかなり厄介な競争、すなわち自由党において私よりも長いキャリアをもつ強力な候補者だった党首選のライバルたちに直面していた。彼らは皆、多くの経験を積み、政治の技芸と技量をそなえていた。彼は皆、顔を見れば名前を思い出し、古くからの馴染みのように頼み事をする能力をそなえていた。

この国を旅するにつれて私は、政治的関心事についての人びとの内面的な地図は地元からはじまり州と全国へと拡大することを学んだ。それは憲法や管轄権にはまったく注意を払わない内面的地図である。人びとはいつでも私に質問をした。そしてその質問が地元の病院の一時休業や彼らのコミュニティのデイケア・センターの閉鎖をめぐるものであったとしても、どれもが連邦政府の管轄外にあると言って責任逃れをすることはできないのだ。あなたが地元の争点についての知識《リテラシー》を披歴しない限り、人びとは国政上の争点についてあなたが言うことに耳を傾けようとはしない。そしてこの知識のテストに合格するのは困難だった。私たちはかつてエステルハージに行ったことがある。それは私たちが政界入りする前にスザンナと私が訪れたサスカチュワン州の小さな田舎町だった。その町は一八八〇年代にハンガリー人の開拓者たちが入植するためにやって来た平原に位置する場所であり、町の外れの丘には開拓者の何人かが葬られている、忘れようとしても忘れられない墓地があった。私の妻はハンガリー人なので、その町の名前を祖国にいたときのやり方で、短音のaで発音したが、私が演壇からそう発音すると群衆が冷ややかな表情をするのが見えた。彼らはすべて長音のaを使って発音していたのである。人びとと関係を作る能力は正しく母音を発音するかどうかといったような些細なことにも関わっているのだ。

政治というものが強くローカルな性格をもっているという事実によって、しばしば私たちはひとつの国民として、国として正確には何を共有しているのだろうかと途方に暮れてしまう。私たちが共有しているもののために話すことは政治家の仕事だが、最初のうちは共通するものはほとんどないように思われたのである。

このことはとりわけケベックでは真実だと感じられた。私は自分がフランス語をかなり流暢に話せると考えていた。だが多数派がフランス語しか話さず、しかもアクセントが強すぎるので聞きとりにくいケベック州の田舎で代議員に向けて選挙運動をしたときには、それが試されたのだ。第二言語で信頼を築き上げようとすると、聞こえ難い長距離電話をかけているような気分になる。そのうえ私のフランス語はケベック風というよりもパリ風だった。それはケベック州のナショナリスト〔分離独立派〕が会場でずっと指摘していた事実である。そのおかげで、落ち着いて聴衆を静かにさせるようになるまで、しばらく時間がかかった。フランス語を話している私は人が変わったようだと、妻が言った。私はいっそう大げさな身振り、わざと大げさな演技をしたのだった。

ケベックの住民は全国レベルの政治に多くの事柄をこれまで望んできたが、そのすべてはひとつの大きな事柄、つまりは彼らにひとつの国民としての別個独立したアイデンティティを承認することという問題に帰着する。一七五九年に英国人によって打ち負かされた六万人からなるフランスの植民地が、ほぼ八〇〇万人を擁するダイナミックで、緊密に結びついた、情熱的なコミュニティへと成長してきたことは、驚くべき偉業であることには変わりはない。けれどもその成功にもかかわらず、彼らは三〇〇〇万人が英語とスペイン語を話す大陸における、フランス語を話す者たちの孤島だということをけっして忘れようとはしない。

わが党にはケベックとの心底からの結びつきがある。わが党の真の創設者であるウィルフリッド・

ローリエは最初のフランス系カナダ人の首相だった。ローリエ以来三人のケベックの住民——ルイス・サン＝ローラン、ピエール・トルドー、ジャン・クレティエン——が、党首と首相を務めてきた。政党としての私たちの使命はいつでも、フランス人と英国人を共通の大義において結束させる国民的統一であったが、疑獄がケベック州におけるわが党への信頼を奪い去り、私たちは左翼分離主義のブロック・ケベコワに、そして右翼のスティーヴン・ハーパーの保守党に議席を奪われようとしていた。長い間ケベックの政治の傍流だった新民主党でさえ、ケベック州におけるリベラル派の票に手を伸ばそうとしていたのであった。

私たちが政権に復帰しようとするのなら、ケベックでの信頼を回復することが決定的に重要である。モントリオール、ケベック・シティー、セントローレンス川の北岸にある小規模なコミュニティそしてアメリカ国境に近い南岸にある農業地域に立ち寄るたびに、代議員団に対して私は、ケベックは私のロシア人家族を迎え入れて保護を与えてくれた場所だという事実に注意を喚起した。私は、家族全員がセントフランシス川を見下ろす墓地に葬られており、その場所はこれからもずっとわが国の一部であってほしいと思っていると述べた。カナダの一部であるケベックに現在よりも大きな力を与えることは、争いの種になり、その上的を射ていないのではないかと、そう私はずっと考えてきた。問題の本当の核心は、ケベックとその住民が中心にならないかぎりわが国がひとつの全体であると考えられないという信念を明確に表明することなのだ。

ケベックの住民が聖ジャンバプティストの祝日を祝う準備に取りかかっていた二〇〇六年六月末に、あるジャーナリストが、一九九〇年代に書かれた『民族はなぜ殺し合うのか――新ナショナリズム6つの旅』〔幸田敦子訳、河出書房新社、一九九六年〕でナショナリズムについて私が書いたことを前提とするならば、ケベックはひとつのネイションだと私は考えているのではないかと尋ねた。それは無邪気な問いでもなければ、アカデミックな問いでもなかった。ケベックの分離主義者は以前から自分たちはひとつのネイションであり、それゆえ彼ら自身の独立国家をもつ権利があると主張し続けてきた。この争点をめぐって二回の国民投票が実施され、分離主義者は一九九五年の二回目の国民投票ではあと六万票で勝利するところにまで肉薄した。一三年前に『民族はなぜ殺し合うのか』において私はこう書いた。「わたしたちは異なるネイションであるがゆえに、同じ国家を愛することができずにいる」[(2)]。だが複数のネイションは同じ国家を共有することはできるし、私たちはこれからもそうありたいと強く思っていると、そう私は続けて述べた。ケベックがひとつのネイションであることは言うまでもない。

このインタヴューが終わるとすぐに、著作家が語る言葉と国会議員を目指す政治家が語る言葉との間には途方もない違いがあることを、身をもって知ることになった。あのたったひとつの発言〔ケベックがひとつのネイションであることは言うまでもない〕が国中の論争の引き金になったのだ。コラムニストの中には私を勇敢と呼ぶ者もいれば、白痴の学者と呼ぶ者もいた。党首選における対立候補者全員が自分自身の立場を、ある者は賛成論を、他の者は絶対反対論を表明せざるをえなくなった。しばらくしてケベックの住民、とりわけ大勢の若者たちが私たちの主張に賛同した。なぜなら、わが党がこれまでになかったようなやり方で、彼らを承認したように思われたからである。

政治の世界ではある事実を事実と呼ぶことが、手榴弾のピンを抜くことに等しい場合もありうる。私に言わせれば、フランス語を話すケベック住民にはネイションとしてのアイデンティティがあるのは事実なのだ。彼らはずっとケベック住民とカナダ国民の二つのアイデンティティをもってきたのだ。その事実はカナダに対する彼らの忠誠心を弱くするわけではないが、いっそう複雑なものにする。わが国の政治の神髄は、いかなる者に対してもある単一のナショナル・アイデンティティをけっして押しつけないという事実にある。わが国は多数からできたひとつ（*e pluribus unum*）〔アメリカの硬貨に刻んである句〕という原則に基づいて樹立された国ではなく、その代わりに重なり合うアイデンティティからなる複雑なキルトのような国なのである。私たちはどちらが先に来るとしても、ケベック住民でありかつカナダ国民でもありうる国を創造したのである。私が分離主義の何を拒否するかと言えば、それはネイションであることのプライドではなく、国家を無理強いすること、すなわちケベック住民はケベックとカナダの間で実存的な選択をしなければならないという信念である。これはほとんどのケベック住民がこれまでずっと拒否してきた選択である。それには彼らがケベックとカナダの両方にそれなりの忠誠心を抱いているというきわめてもっともな理由があるからなのだ。彼らはどちらが先にくる方が正しいと考えているとしても、ケベックの住民でありかつカナダ人でありたいと思っている。ケベック住民にケベック人としての自己とカナダ人としての自己の間で選択することを迫るのは、分離主義者がふるう一種の道徳的専制にほかならない。苦労の末に、国は帰属の自由に基づいて設立されなければならないということを私たちは理解した、そう私は述べた。わが国の連邦制度は、このことの当然の帰結である。私たちはアイデンティティを一元化できないのだから、この国では権力を一元化することはできない、そう私は述べたのである。

私の言葉が伝えられるとすぐに、英国系カナダ人は私がこの国の国民的統一性を危うくさせているのではないかと疑問に思いはじめた。他方でナショナリストのケベックの住民は、私がカナダ憲法の下で彼らがひとつのネイションであることを承認する気があるのかどうかを知りたいと思った。私は憲法のパンドラの箱を開くのには反対すると返答した。私たちには、ケベックとカナダの間でのあらゆる政治的問いを憲法上の交渉へと転化するという習慣があるが、それは深刻な間違いである。あるケベックのナショナリストはこう述べた。ああ何たることか、あなたがネイションについて話すことはすべて無意味であると。かつて私は、ネイションとしての国民の一体性の問題について一石を投じたのだが、いまやそのツケを払うことになったのだ。

私たちと対立する保守党政権は、この論争をずっと傍観していた。首相のスティーヴン・ハーパーはとりわけそうだった。二〇〇六年一一月末にわが党の党首選が終盤に近づくと、彼は唐突に私たちから主導権を奪いとろうと決断した。彼はケベックの住民——ケベックそのものではなく——が統一カナダの内部のひとつのネイションを構成することを承認する動議を下院に提出した。(3) 分離主義政党ブロック・ケベコワは落胆して喚き散らした。それというのも、対立する連邦主義者がケベック住民の抱くネイションへの切望を否定してくれたほうが、彼らにとっては好都合だったからである。私たちがその争点を提起したという名声に浴したかったので、わが党は激しく抗議した。だが首相はわが党をうまく出し抜いたのだ。動議が審議されたときに私は下院の議席で立ち上がり、わが国の議会史上初めて、わが国を構成する国民のひとつに、ネイションとしてのアイデンティティを承認することに賛成投票をしたのであった。私はこの顚末において私なりの役割を果たしたが、首相は、やがてトレードマークになる戦術的な抜け目のなさによって、まるで当然であるかのように名声を獲得したのであった。

党首選挙運動で国中を縦横に行き来するにつれて、私は以前には知ることがなかったカナダを理解するようになった。第一に、印象深いのは認証と承認を求めて競い合う複数の声の不協和音である。ひとつの国民であるという市民意識の共通の絆は希薄でありやせ細りつつあるように思われた。集合的「われわれ」が表すものを定義するために、わが国は、複数の集団や権益の間で不断に競争が行なわれている場所であるということに気づくまで、しばらく時間が必要だった。もちろん国に対する熱狂を共有したときもあったが、今では、幸福感を共有したり共通の忠誠心を抱いたりするときは、共有する目的をめぐって日ごとに繰り返される紛争ほどには多くない。ある人物が彼ないし彼女のネイションとしてのコミュニティから得ようとするものと、他者が得ようとするものとはしばしば衝突するのだ。あらゆるコミュニティは彼ら自身の独自性の承認を得ようとするが、他のコミュニティに対してそれを認めたがらない。カナダを構成するコミュニティはしばしばお互いに閉鎖的だという印象を与える。移民コミュニティは移民の増加を望み、組織労働者は移民の減少を望む。豊かな人びとは減税を求め、貧しい民衆はより良い待遇を求める。いかなる種類の銃規制も、どこに行っても小さな町や農村部では歓迎されない主張であるが、それでいて商店街の中心部では票を獲得するための鍵なのだ。いたるところで人びとはより多くの連邦政府の資金を欲するが、どこに行っても人びとは連邦政府が州政府の管轄に口を出さないことを望んでいる。ローカルなものと地域的なものとの擁護はケベックの田舎では最も根深いが、ニューファウンドランド島やブリティッシュ・コロンビア州の内陸部でも強力である。これらの事実を理解するようになるにつれて、私はわが国を自然的事実としてよりも政治的な事実として見るようになった。ひとたびある国を持続的な日々の意志の行為として見るようになると、なぜ政治家が重要なのかを理解できる。彼らは種々様々な要求をもつ人びとを同一の部屋に連れ込んで、私たちが共有し、共に実現したいことを彼らに分からせるのである。国とは「想像の共同体」のことなのだ。そして政治家とは私たちが共有しているものを表現していて、私たちが平和に共存することを可能にしてくれる妥協点を見つけ出す人のことなのである。(4) 二〇〇六年の夏に実施された党首選の間ずっと私は、あらゆる違いを通して私たちを結びつけるべき「シティズンシップの気骨」について語った。気骨とは法の前での平等や地域を越えたサービスの同等性より以上のものを意味している。それは私たちをひとつの国民に変える共通の経験、共有された歴史感覚、共通の権利と責任を強化するために政府ができるだけのことをすることを意味している。この国は分裂しているが、同時にその違いを乗り越えた統一を渇望しているという事実を理解できるのは、政治に関与する者だけである。政治家は共通なものを明確に表現するための方法を発見して、その後に共通の生活を制度という構築物へと組み入れるのである。政治家になったときにはまだこれが自分の仕事だとは分かっていなかったが、すぐに気づいた。

その夏、国中を旅していて、非常に重要であると同時に、ほとんど完全に無視されている格差があると思うようになった。それは都会と田舎、商業地帯と故郷、北と南、大都市と僻地の間での格差である。アメリカとの国境に沿ったこの国の商業地帯では時間が早く進み、概ね仕事にも恵まれている。田舎、僻地および北の地域——この国の大部分——では時間がゆっくり進み、ガソリンスタンドのレジ係の少女は大都市で発行された新聞の求人広告を読んで、そこから抜け出すのを夢見ている。インターネットの接続はダイアルアップ式であるかまったく存在しない。町のはずれでは道路は砂利道に変わり、大学は遥か彼方にある。最も近い病院は車で四時間もかかる。この国は二種類の場所に区分されている。すなわち自分が生まれ育って生計を得ることができる場所と、恵まれた生活の機会を得ようとするならば立ち去らければならない場所である。

これは誰ひとりとして話そうとしない不平等であるように思えた――そこで選挙運動が進行するにつれて私はますますそれについて語るようになった。もしそうしたいのならば生まれ育った場所を離れるのはなんの問題もないが、これだけ多くの人びとに生まれ育った場所から離れる以外に選択肢がないということは正しいとは思えない。政府だけでは僻地や田舎の人口減少を止めることはできないだろうが、確実に政府は――道路や学校への投資とインターネット接続によって――生まれ育った場所に留まりたいと思う人びとが今いる場所で家族生活を営むことができるようにするためにかなりのことができる。この国の資源財の大半は、結局のところ田舎、僻地および北の地域にある。それは鉱山、何エーカーもの麦畑や森林、そして石油や天然ガスの採掘ポンプがある場所である。私が訪れた中で最も寂れた場所のいくつか――先住民居留地、衰退して見捨てられた町――は、自然資源に恵まれた土地の真上にあるのだ。大都市が財を吸収し尽くしてしまうのではなく、もともとあった場所に財の多くを留まらせる方法がきっと存在する。わが国の最も優れた人びとの多くが、都会に転居しないかぎり生活を豊かにすることができない、厳しい機会の地理学とでもいうものがある。私は思いがけないことに、そうした都会‐地方の格差について訴える候補者になった。希望が公平に分配され、万人が今いる場所で人生を築き上げるチャンスを得るような国のために戦おう。私は徐々にそう考えるようになったのだが、やがてはっきりと決断することになった。

このように政治を実際に行なうことを通じて、私という人間と最初に私が抱いていた信念は変わっていったのである。人気のない場所での一〇〇〇回にもおよぶ集会、豊かな者と貧しい者、高齢者と若者などあらゆる種類の人物との会話には沈殿効果がある。もはや個人個人を覚えてはいないが、真実はあなたの中で層を成して定着してゆく。あなたはこの国を自分自身のなかにとり込む。あなたはこの国の大地を学ぶ。自分だけのための冒険として始まったものが、他者のための旅になる。政治というものはゆっくりとあなたを——ときには困難な道だが——国民と国へと導くのである。あなたは国民のために政治を行ないたいと思い、国民と一緒に国を建設したいと思うのである。

# 第五章　金銭と言語

二〇〇六年の真夏までは私が選挙戦での先頭を走っていた。そして私は先頭を走る者にお決まりの問題に直面した。私たちは他のすべての候補者の選挙運動の標的になってしまい、競争相手たちは私が勝利するのを阻止するためにお互いに取引交渉をはじめた。この試練に対応するために私たちは作戦の規模を拡大して上手く代議員をわが陣営に取り込まなければならなくなった。私たちの事務所はトロントの市街地にあるヤング・ストリートからちょっと離れたイザベラ・ストリートのレストランの上にあったが、その狭苦しい空間ではやっていけなくなった。私たちは不動産開発者が使わせてくれたブロアー・ストリートの近くにある以前よりも広い一角に移転した。それでもまた手狭になっていった。

私は、自分で選挙運動を運営しようという間違いを犯さなかった。全国を旅したり資金を集めたりするのにあまりにも多忙だったからだ。選挙本部に顔を見せて、ずらりと並ぶ電話やそれに張りついている見ず知らずの人たちを見回すと、皆が私を勇気づけるために手を振ってくれた。そんなときにはいつでも、作戦の規模の大きさに驚いたものだ。私は選挙運動の運営をイアン・デイヴィーと若い弁護士たちの献身的なチームに委ねた。彼らは本業の休暇をとって、最低賃金で貴重な時間を働いてくれた。私はたとえ有給のコンサルタントが何人いたとしても、彼らと働けるほうがよかった（コンサルタントを雇うことができたらの話だが、もちろんそんなことはできなかった）。政治家には世論調査、フォーカス・グループ、市場調査の戦略を身に着けたコンサルタントが必要である。だが政治家は有給の専門家たちに選挙運動を乗っとられてはならないのだ。政治の世界は外部からそれぞれの才能や夢を抱いたボランティアが誰でも入ってこられるように間口を広げていなければならない。政治家を奮起させるボランティアの熱意がなければ、政治家は有給の戦略家たちの操り人形になるリスクを冒すことになる。さらにはボランティアにはお金では買えない忠誠心がある。いかなる組織的活動においても指導者の任務は、彼らの忠誠心を繋ぎ止め、誠実な態度を保つことである。私の仲間たちは良いときも悪いときもいつも変わらずに私を支えてくれ、多くの人びとが友人になった。誰もそれ以前に全国レベルの選挙運動を運営した経験はなかった。ところが私が国中をまわっている間に、彼らは組織員の基礎を固めつつあった。組織員は、各「自由党選挙区協会」が党大会への代議員を選出するときには、私を信任する票を投じることになるだろう。私たちの若いチームは素晴らしい仕事を達成したが、組織は大幅に資金不足に陥った。

わが国の党首選のための予算は総額二三〇万ドルであり、アメリカの基準からみれば馬鹿らしいほどに少額だった。ついでに言っておけば、私が古びたビュイック・リーガルを運転してカナダに戻り、エコノミークラスの飛行機に乗り、慎ましいホテルや支持者の空き部屋で眠ったのは、そういう理由からだった。それがカナダ式だった。わが国のデモクラシーはアメリカに比べて費用がかからない。二〇一一年には、アメリカよりも面積は広いが人口は一〇分の一にすぎない国において連邦議会選挙の費用は二億九一〇〇万ドルだった。二〇一二年には、アメリカの選挙費用は全体で六〇億ドルに達した。[1]私たちはそんなに大金を費やしていないだけではなく、厳しいコントロールの下に置いている。カナダでは強力な権限を有する連邦機関である「連邦選挙管理局」の監視の下で、選挙運動資金を与えられる。ヨーロッパで実施されているように、政党が前回の選挙で獲得した投票数に応じて、選挙運動を運営するために納税者の金銭を受けとる。[2]候補者は選挙費用として税金を基金とする補助金を受けとるが、選挙区レベルと全国レベルの双方での支出については厳格に定められた上限がある。二〇〇六年の党首選については、いかなる寄付者であれ私の選挙運動のために与えることができた最高額は約三三〇〇ドルだった。外国からの寄付や現金は受けとれない。私たちはこれらの寄付金のそれぞれを寄付者の名前と住所を付して「連邦選挙管理局」に報告しなければならない。同局はそれらの報告を公的にアクセスできるウェッブサイトに掲示する。正式に報告され受けとられた寄付金だけが免税の対象になる。サイバースペースのどこかには、私の政治家としてのキャリアに寄付してくれた勇敢な人びとの名前のリストを今なお見つけることができる。これらの規則のすべては選挙運動のスタッフに対して厳しい報告要件を課したが、おかげで候補者である私は解放された。公職に就こうとして立候補した人であれば誰でも、資金提供者との次のような瞬間が分かるはずだ。でっぷりとしていかにも裕福そうな、スーツ姿の見知らぬ人があなたの腰に腕を回しているところを写真に撮る。ひょっとしたらペテン師とスナップ写真を撮ってしまったのではないか、あなたはそんな気分になる。選挙運動の資金規則はその恐怖から解放してくれる。私はどこから金銭がやって来たのか、誰の寄付したものか知っていたが、寄付金制限のおかげで私はどんな強力な寄付者にも恩義を感じないで済んだ。それはまた私を支持してくれた寛大な人びとをも負担から解放した。寄付金制限はあまりにも低額だったので、彼らは影響力や有力者へのコネを買収しようとしているのでないかという疑惑を受けないで済んだ。彼らは政治のプロセスを支えようとしたのであり、選挙の興奮を味わいたいと思ったのだ。この経験から私は、政府による選挙運動資金の規制は不可欠であると確信した――それには厳格な報告と情報開示という要件と、寄付金の例外のない上限と利益団体のロビー活動の禁止が伴うべきである。さらに進んで、選挙期間中以外の政治広告を禁止したい。有権者をうんざりさせるし、政府も統治以外のことに気をとられることになるような、だらだらと続く選挙運動は止めにしたいのだ。私は政治家を巨額の金銭圧力から解放すると共に、利益団体のロビー・グループによるいい加減な中傷の圧力からも解放したい。どんな手段を使って自分たちの主張をしてもいいが、現金《ナマ》をつぎ込み、あらゆる電波を使って政敵を叩きのめすことは許されないのだ。

金銭は政治の一領域であるが、これについてアメリカ人の態度と慣行——最近最高裁の「シティズン・ユナイテッド」に対する判決〔二〇一〇年の最高裁判決。企業、労働組合、利益団体が無制限に選挙広告に支出することを合法とした判決〕において詳説されている——には当惑させられた。[3] 判事がなんと言おうとも、金銭は言葉ではない。それは権力なのだ。政治的プロセスに対する金銭のむき出しの影響力が、修正第一条の権利によって保護されてきたことには驚いた。修正第一条は本来、デモクラシーに則した論争の高潔さを保護するために想定されているはずである。さらにアメリカの政治的伝統は、金の力が選挙の高潔さを損なうことや人民の代表を腐敗させることがありうることを理解していないわけではあるまい。トーマス・ジェファーソンやジェイムズ・マディソンのような建国の父たちは、古代ローマの共和政にまで遡る美徳と腐敗についての古典的共和主義的な政治的言説に精通していた。その言説が明確に彼らに教えたことは、金銭が自由な人民を腐敗させないように政治の世界では金銭は厳格に規制されなければならないということだった。一八一六年の書簡においてトーマス・ジェファーソンは、自分は「わが国の政府に対して力試しを挑み、われらが国法の軽視を命ずるような金持ちの団体による貴族政が生まれたら、端から粉々にしたい」と宣言した。[4] 腐敗はますます進行しているように思えるし、美徳への回帰が遅々として進まず、権限を強化された連邦選挙委員会が政界に流れる金を一ドル漏らさず公開するよう求めることで、規制しているわけである。アメリカは修正第一条を、デモクラシーに則した論争の高潔さを保護するという元来の目的に戻す必要がある。金銭の影響でこのような憲法上の目標を達成できなくなっているのである。カナダ・モデルは合衆国にふさわしいものではなさそうだが、ヨーロッパ・モデルと同様に、議論したり論争したりするどんな僅かな自由をも減じることなく、政界の金銭を規制できることを示しているのだ。

真夏には休暇をとりスザンナと一緒に行方をくらまして、政策マニフェストの執筆に没頭した。私たちは選挙運動の中間点に辿りついた。他の候補者たちは彼らなりの政策を打ち出そうとしていた。たとえばケン・ドライデンは「ビッグ・カナダ」と題された印象的な文書を執筆した。それはよりいっそう野心的な国になろうという力強い呼びかけだった。それを読んで私は自分自身の考えを文書にして、国中で議論したいと思った。私が執筆したマニフェストはほぼ八〇〇〇字に上り、「ネイション建設へのアジェンダ」と題された。スティーヴン・ハーパーが率いる保守党が国家を後退させ、国民生活における連邦政府の機能を減少させようと決断するのならば、リベラリズムはそれとは反対の立場を主張すべきだと私は考えた。すなわち、ひとつの中心的目的――カナダ人全員を統一するシティズンシップの気骨を強化すること――を追求する政府を主張すべきである、と。私たちは大陸にあまりにも拡大し、地域、人種、宗教、言語によってあまりにも分断されているので、国民全員のためのシティズンシップの平等な諸条件を保証することが、中央政府に付託される任務であるべきなのだ。それは巨大な、あるいは介入的な政府を意味していない――なぜならシティズンシップは自由を意味しなければならないからだ――が、次のような政府を意味している。すなわち中等教育修了資格のあるあらゆるカナダ人は借金に苦しめられることなく高等教育を受けることができ、あらゆるカナダ人はひとつの地域から他の地域に移動でき、それでいてほぼ同等の質の社会サービス、雇用保険そして医療に頼ることができることを保証する政府である。わが党は新民主党と協力して公的資金に基づく医療のシステムを創り出した。両党は医療が財布にいくら入っているかに左右されないようにするために戦ったのだ。今や戦いは、医療へのアクセスがどこに住んでいるかに左右されないようにすることに焦点を当てなければならない。田舎、僻地、カナダの北部は大都市と同じだけの優良な医療への権利を持っている。医療の全国的な基準を確立し、私たちが抱える問題に公共のアプローチをする目的は、わが国はアメリカとの国境である北緯四九度線というワイヤーに小鳥のようにしがみついている、一〇の州と三つの準州などではないということを確かなものにすることだった。わが国はひとつの国であり、それゆえ想像力に富んだ政府こそが一個の国民として私たちを結合する上で中心的な役割を果たすことを、私たちはこれまでずっと理解してきたのである。

私たちの選挙運動のアジェンダにはどの問題についても積極的なアイデアを提示していた。たとえばわが国の人口の六〇パーセントが暮らしているケベック・シティーとウィンザー回廊を結ぶ高速鉄道のプラン。インディアン法の品位を貶めるような保護監督を逃れて、平等な市民として独立した関係を創り出そうとしている先住民居留地を援助するプラン。連邦政府の科学・技術への投資を再活性化して、研究開発に投資することでわが国の民間セクターの長期的弱点を帳消しにするプラン。私たちは電力、天然ガスおよび石油の東西にまたがるエネルギーの回廊を強化して、もっぱら南北に流れる高圧電線網と天然ガスラインを補完する全国的エネルギー政策を求めた。これをどのようにして実現するかについての私のヴィジョンは、首都からの命令やコントロールではなく、州と民間セクターとの協力関係である。さらに首相の役割は戦略の概要を描き出し、どこに共通の優先順位があるのかを判断して、その後にそれを実現するために適切な力点に政治的意思という梃子を差し入れることなのである。

大きな理念などは政界で運試しするような愚かな知識人の典型的錯覚だと、皮肉な連中は言うだろう。それは候補者の立場を明らかにして、人びとを自分の陣営につかせる際に理念が果たしうる決定的な役割を分かっていない。政治家にはある特殊な天分がなければならない。それは理念を論じる時代がやってきたことを嗅ぎ分ける天分であり、市民がヴィジョンに引きつけられるようにそれらの理念をドラマティックに提示する天分である。私たちが「ネイションション建設へのアジェンダ」を公表したときには、報道陣やライバルの候補者からかなりの野次を浴びたが、会合の後で話に来る若者たちの手には、良く読み込まれた赤い小冊子があった。その様子から、共感を得られていることが分かった。

これらの理念や精力的な全国キャンペーンのおかげで、選挙戦をリードすることができた。今やライバルたちは、私がつまずくのを待ちかまえていた。

二〇〇六年七月にはレバノンで戦争が勃発した。八月初めまでには党首選の候補者全員が、展開しつつある危機に対してどう上手く位置どりをするかによって判断されることになった。ここでしばらくこれがどれほど特異な事態であったかについて考えてみる価値がある。候補者たちは誰も、中東における出来事の結果に影響を与えることなど考えられもしなかった。わが党は政権与党ではなく野党だった。せいぜいのところ戦争の争点は、国中に広がるユダヤ人コミュニティやレバノン人とムスリムのコミュニティに住む有権者にアピールする機会を提供しただけだった。レバノン自体においては苦痛がどれほどリアルだったとしても、カナダの指導者選挙での政治的争点としてはまったくリアルではなかった。だが政治とはそういうものなのだ。争点は、ある政治家がそれに対して具体的に何の手も打てない問題をめぐって生ずるのだが、それが結局、彼には指導者としての資質があるかどうかを決定することになるのである。

政治的に理解すれば、レバノンでの戦争は自分の位置どりをするチャンスだった。位置どり《ポジショニング》をすることはある立場を取ることと同じではない。それは争点となっている課題を解決しようとすることや、複雑な状況に対応した政策を提出することに関わるものではない。効果的な位置どりをするためにはなんの専門的知識も必要ではない。位置どりは政治的スペクトル上に自らを配置すること、多数の人びとを離反させないようにしながら、自分と対立候補とを明確に区別することに関わるのである。自分の位置どりをすることは、勝利したいと願う選挙区に合うように自らの公的スタンスを調整することである。位置どりに成功すれば、有権者に合わせて公約をくるくる変えているように見られることなく支持を獲得できる。失敗すれば有権者におもねっていると見なされるだろう。

率直に言えば、レバノン戦争についての私の位置どりは完全な失敗だった。うっかりした拍子に私はインタヴュアーに対して、レバノン内のヒズボラ制圧地における死傷者について心配することはないと語った。私が言いたかったことは、ヒズボラが戦争を始めたのだからその帰結を受け容れなければならないということだったが、私の言葉は瞬く間に、民間人の苦難に対する冷酷な無関心として解釈された。この発言はレバノン人の影響力が強いモントリオールでは受け入れられなかった。数日後にケベックで最もよく観られているテレビ番組「皆の話題」に出演した際に、前述の見解によって蒙ったダメージを修復しようとして、カナという場所への攻撃においてイスラエル軍は「戦争犯罪」を犯したかもしれないと私は語った〔二〇〇六年七月三〇日にイスラエルはイスラエル・レバノン紛争において一五〇発以上のミサイルがカナからイスラエルの町へと発射されたと宣言し二回の空爆を実施。居住ビルの倒壊により多数の負傷者が出た。当初、犠牲者は子供三七人を含む五六人とされたが、二八人に訂正された〕。私が言いたかったことは、イスラエル国防軍のヒズボラに対する反撃は正当なものであったが、その際、民間人が居住する標的に対して無差別武力行使をしたということだった。ハーバードで私はジュネーヴ議定書を教えていたので、戦争犯罪と人道に対する犯罪との違いを知っていた。私はイスラエル国防軍が民間人を虐殺していたとは考えなかった。私が考えたのは、同軍が過剰で無差別の武力を行使したことだった。けれどもユダヤ人コミュニティの支持者たちが耳にしたのは、ナチスのように振る舞った廉《かど》で私がイスラエルを非難しているということだった。

それは私が言おうとしたことではない。しかし彼らが耳にしたのはそういうことであった。私は発言を撤回するつもりはなかった。なぜなら「ヒューマン・ライツ・ウォッチ」は無差別武力行使を確認していたからである。しかし私はイスラエルの自衛権に対する長年の支持《コミットメント》を再確認したのだった。何を言っても苦境を逃れることはできなかった。悪意によって選び出された数行の文章で私は、ユダヤ人、ムスリムおよびレバノン人集団を一斉に離反させるという、ほとんど不可能ともいえる離れ業を成し遂げたのだった。その後に起こったメディアの嵐に私は仰天した。ユダヤ人支持者たちの怒りと幻滅、論争によって選挙運動が暗礁に乗り上げた。この出来事によって明らかになったのは、多文化社会においては、国内政治の最も重要な争点は結局のところ国際政治上の争点であるという事実である。遠い国で起きている紛争によってさまざまなコミュニティはがっちりと守りを固め、安心という魔法の言葉を得るために政治家の反応を仔細な点まで検討する。政治家としての仕事はバランスのとれた理解の達人であるという位置どりをすることである。私はあらゆる点で失敗したのだ。レバノン戦争を巡る騒動が収束した後に、イアン・デイヴィーは政治家には九つの命があると私に語った。カナを巡って私はその命の八つを使い果たしたのだった。

ここで立ち止まって、件《くだん》の出来事が政治における言語の使用について何を明らかにしているのかを考察するのは価値がある。著作家、ジャーナリストや教師として生活を送ってきたとしても、それは、政治というアリーナに入った場合の言語の使用については何のそなえにもならない。政治における言語の使用はこれまでに行なったどんな言葉ゲームとも似ていない。たとえ自分は言葉巧みな人間であると考えていたとしても、ひとたび政治的な舞台に上ると、ウディ・アレンの映画『ウディ・アレンのバナナ』の中を歩いているような奇妙な気分になる。その映画のシーンではゲリラの指導者が、ラテンアメリカの国の公用語をスウェーデン語に変えている。人びとが鷹揚で、途中で言葉を遮ったりすることがなく、そんなことを言いたかったわけではないということを分かってくれるような、慈悲深い世界にはもういないのだ。あなたは言葉を文字どおりにしか理解しない、想像力がまったく欠如した狂気の世界に足を踏み入れるのだ。そこでは自分の口から出る言葉だけが具体的な意味をもつ。あなたは人びとが許したり忘れたりする世界、人びとが過去を過ぎ去るに任せておく世界にももういない。あなたは永遠の現在に足を踏み入れている。そこでは自分が発音したあらゆる音節、あらゆるつぶやき、フェイスブックのブログ、新聞記事、うんざりするような写真が、敵対者があなたの不利になるように使えるようにサイバースペースに永遠に残されているのだ。記者会見で釈明することになったときには、すでに戦いの半分に敗北してしまったのである。カナの一件で私は、採り上げられなかった発言のコンテクストこそ私がこれまで賭けてきた人生なのに、というもどかしい感情を抱いた。私がイスラエルで教えたり暮らした経験があり、断固としたシオニストであるアイザイア・バーリンの伝記を執筆したことを、誰も知らなかったのだろうか。[5] 私がイスラエルの批判的な友人以外の何者でもないことを、どうして誰も想像しなかったのだろうか。しかしこれは問題の要点ではなかった。攻撃されていると感じているコミュニティが自分の発言をどのように捉えるか、それが分かっていなかったのだ。かつてアイザイア・バーリンと私はこの点について話したことがあった。彼は冗談交じりにこう言ったものだった。彼が一九二〇年代にロンドン北部のユダヤ人街で成長したころには、唯一の現実的な政治的問題は「それはユダヤ人にとって良いのか、悪いのか」だったと。これはユダヤ人だけでなく、政治家による承認を求めているすべてのコミュニティが、政治における言語を現実にどのように捉えているかを示している。シーク教徒はインドにおけるシーク教徒の権利の抑圧について、私がどのような立場をとるのかを知りたがった。タミール人はスリランカを引き裂いた残忍な内戦について、私がどのような立場を取るのかを知りたがった。イラン人はイランにおける残忍な神権政治についての私の立場を知りたがった。ユダヤ人コミュニティにとっての最重要事項は、イスラエルの自衛権に対する無条件の支持でなければならなかった。私はこの点を認めるのはやぶさかではなかったが、私はデモクラシー国家の自衛権は正統な権利であるにしても、それによって戦争法規に違反する権利をも与えられることになるかどうかということについては疑問であった。しかし、この点を争点にするべきではなかった。なぜ、一介の政治家が戦争状態にある国家がジュネーヴ条約を遵守すべきかどうかの裁定を引き受けなければならないのか？　それは私の職務ではなかったのだ。カナに関する私の発言の何をユダヤ人コミュニティが耳にしたかと言えば、自衛の権利に私が疑義をはさんだということであった。その後で何を言おうと、私がユダヤ人コミュニティの指導者たちの信頼を取り戻すことはできなかった。スティーヴン・ハーパーがイスラエルの最も強硬な立場に拠る人びとと歩調を合わせているときに、私はといえば、イスラエルの最善の安全保障は二国家共存という解決であると信じるユダヤ人コミュニティのメンバーをまとめあげることができないでいた。私は立場、話を聞いてもらう資格を失ってしまったのだ。人生においてと同様に政治における課題は、自分の誤りからどのように学ぶかである。その後論争が下火になった後に、私はトロントのホーリー・ブロッサム寺院〔トロント最古のユダヤ教寺院《シナゴーグ》〕でスピーチを行ない、学んだ教訓について触れた。

試行錯誤――主として錯誤――によって私は、どのように振る舞うべきかについて若干の結論に到達しました。これらの結論に達する際に私は、ウィンストン・チャーチルの素晴らしい発言によって導かれました。彼は、政治家はソファーであるべきではないと言っています。私たちは自分たちの上に座った最後の人物の跡を残すべきではありません。私たちはどんなものであれ、私たち自身の姿形を保つべきなのです。私たちには原理原則がなければなりません。それではそれらの原理原則とはいかなるものなのでしょうか。

第一のルールは、首尾一貫していることであります。この信仰の家でイスラエルを擁護しておきながら、町の向こうにあるモスクではイスラエルを裏切るようなことをしてはなりません。モスクでパレスチナ人が自分たちの国家を樹立する権利を擁護しておきながら、この偉大なシナゴーグでその権利を裏切るようなことをしてはなりません。首尾一貫していなければならないのです。

第二のルールは、悪意で選ばれた言葉を使って不和を煽ってはならないということです。言いたいことを、言いたいことだけを口にしなければならない。憎悪と不和の力に迎合してはならない。そうする場合には、カナダ人をひとつにするという私の義務を裏切っているのです。第三のルールは、私はカナダのために話さなければならないということです。イスラエルであれどこであれ、その国の政治的グループの代弁をするために私はいるのではありません。選挙によって選ばれた代表者としての私の活動を導かなければならないのは、カナダの国益なのです。中東との関係でそれが意味しているのは、紛争がこれ以上の大規模で致命的なものになるのを阻止し、イスラエルが窮地に陥らないようにすることなのです(6)。

自分の誤りから学んだのは、政治というものは言葉によるゲームであるが、スクラブル〔語のつづり替えを競うゲーム〕ではないということである。政治の世界に初めて足を踏み入れる者は誰でも、その敵対的な性格に対して覚悟ができていない。あなたが語るありとあらゆる言葉は、敵対者がカウンターアタックをする機会になる。あなたがそれを個人攻撃と捉えるのは仕方がないが、それが最初の誤りなのだ。政治に一生を捧げた賢明な人物が長年をかけて理解したことを学ばなければならない。それはけっして個人攻撃ではない。厳密にビジネスなのだ。

党首選挙運動が終幕に近づくにつれて、候補者間の公開討論は厳しく辛辣なものへと悪化していった。二〇〇六年一一月末にモントリオールでの最後の討論を覚えている。そのとき私のライバルのひとりであるボブ・レイが、拷問の争点について私が何らかの説明をしなければならないという旧来からの非難を繰り返した。彼が暗に言おうとしたのは、それについて説明したら、私はわが国の「権利および自由に関するカナダ憲章」〔一九八二年憲法〕の信頼できる擁護者たりえないということだった。私は友人がそのような陳腐なつくり話を繰り返そうとしたことに怒りを覚えた。その後ホールですれ違ったときに、彼は私を見て肩をすくめた。「これが政治なのさ」と彼は言った。もちろん彼は正しかった。政治の世界では、善意も悪意もないのだ。

報道陣に対して、対立候補には悪意があると文句を言ってみることもできるが、彼らはレフェリーではない。彼らは戦いを観察するためにやって来たのであり、魅力的な戦いを望んでいるのだ。彼らの中のひとりは私にこう言った。「私たちの仕事は戦闘を外から観察し、その後戦場に足を踏み入れて、傷ついた者を撮影することなのです」。いったん撮影される側になったら、細心の注意をもってメディアへの対応をこなさなければならない。あなたは戦略的にならなければならない。あなたは自分の身なりに注意深くならなければならない。たとえば髪は整っているか、ネクタイは格好よく結ばれているか、スーツの着こなしは完璧か、戦闘の日のための装備は整っているか。政界に入るとあなたらしさと人生の歓びのひとつ――真っ先に頭に浮かんだことを口にすること――を放棄しなければならない。もし生き延びようとするのならば、あなたは脳みそと口の間にフィルターをつけなければならない。言葉が武器であり、自分に対して向けられうる場合には、自分自身を自由に表現することは叶わぬ贅沢なのだ。人柄と同様に言葉にも慎重にならなければならない。それでもあなたは楽しむことができる。いや、楽しまなければならない。なぜなら誰もが楽しんでいる戦士を好きになるものだが、楽しんでいる戦士というのは油断のない戦士だからである。

もちろん、率直な質問に対して率直に答えるというのは好ましい考え方である。市民が質問をするときに、そのような率直さはひとつの義務になる。結局のところ、あなたを選ぶのは彼らなのだから。報道機関に関してはルールは異なっている。記者会見やインタヴューという奇妙な歌舞伎舞台では、率直でありたいという誘惑にかられても、避けるに越したことはない。できるならば率直になってもいいが、絶対に戦略的でなければならない。アフリカの諺によれば、すべての真実は善であるが、すべての真実を口にするのは必ずしも善ではない。あなたはけっして嘘をつこうとはしていないが、尋ねられた質問に答えなければならないわけではなく、答えたい質問だけに答えればよいのだ。

公的生活に要求される妥協を甘受するにつれて、公的自己が内面の人格を変え始める。政界入りして一年もたたないうちに私は、ときにはもうひとりのドッペルゲンガー、鏡に映る自分を見てもほとんど見分けがつかない、ある奇妙な新しいペルソナによって乗っとられてしまったような、方向感覚を失ったような感情を抱いた。私はハリー・ローゼンのスーツを身に着けて――ハリー自身が裾上げをしてくれた――、ネクタイを注意深くシャツに合わせた。私は人生の中でこれほど上手い着こなしをしたことはなかったし、これほど空しく感じたこともなかった。今振り返って見ると、空しさの感覚、世界に向けて提示する顔と鏡のために残しておく顔との間で分裂した感覚をもっていたのは、健全な精神状態をまだ保っていた証《あかし》であると言いたい。トラブルが始まるのは、公的な自己が私的な自己を乗っとってしまったことにもはや気づかなくなるときである。自分には公的眼差しから分離しておきたい私的な領域があることを忘れるとき、あなたはすぐに自分の全生活を政治に譲り渡すことになるだろう。あなたは微笑みそのものになる。つまり政治が要求する愛想の良さが凍りついた笑みとなるのである。そうなると、あなたはあなたではなくなってしまうのである。

二〇〇六年一一月から一二月にかけて、党大会が近づくにつれて、チームからのアドヴァイスはすべて安全に乗り切ること、凡ミスを減らすこと、台本どおり進めて脱線しないことだった。これは賢明なアドヴァイスだったかもしれないが、私から説得力を奪う結果になった。夜毎に私は活力が低下するように感じた。すべての役者やすべての優れた政治家には、「いつも新鮮であれ」として知られる独特の活力維持法がある。彼らは、役柄を新しく演じ直すための方法を探しつづけているのである。私にとってのショータイム――代議員とのミーティングや資金集めのパーティー――は、繰り返されるたびに内容のないサーカスの芝居になってきた。党大会の大詰めが近づき、すでに何百人にもなっていた私たちのチームが代議員の支持を確認するために、慌ただしく土壇場の電話を掛ける様子を見ながら、政治生活は私に何を与えてくれるのだろうと当惑している自分に気づいた。私は自分で政治家になろうと決めたのだが、自分がなろうとしている政治家というものがあまり好きにはなれなかった。

政治家が好きではないということが少しでも顔に出ていないことを祈りながら、私はスザンナとモントリオールのコンベンション・センターの特別室に宿泊し、陣営の仲間たちを激励し、ホテルのスイートルームで他の候補者との秘密の談合で支持を求めて交渉した。この秘密の談合こそ、政治というものの恥知らずな魅力なのだ。ライバルの候補者は椅子に座って、もし支持することに転じたとしたら、彼らに何が提供できるか探りを入れてきたものだ。わが党は野党なので彼らに提供するものは何もなかったが、空手形を切ったり、政権についた日には重要な役職を与えると言って、厳かに握手して約束したりすることに、なんの躊躇いもなかった。私のライバルがどのような未来の役職を提供しようとしているかを見極めるために、その同じ候補者が次の秘密の談合へと向かうことが私には分かっていた。もし私が第一回投票で圧倒的な支持を示すことができなかったら、握手でサインされ約束された取引きなど反故になるだろうことも分かっていた。私には弱みがあることが分かれば、私への支持は勢いのある候補者へと流れ去るだろう。結果が現実にはフロアーで決まる党大会は、いつでもこのようなものなのだ。誰もが、あなたには最後まで残る力があるということに賭けているのだ。シーク教徒、ムスリム、レバノン人、ギリシア人、カナダの多文化状態におけるあらゆる民族を代表する権力ブローカーが私のホテルのスイートルームにやって来て、コンクラーベと相互信頼を確認した後に、彼らの代議員票を私に与えると申し出たものである。彼らが私に入れると約束した代議員の票が、そもそも彼らに左右できるものであるかどうか、明らかではなかった。それに彼らの中には、廊下の先にあるホテルのスイートルームで、私に売ったのと同じブロック票を別の候補者に売ろうとしている連中がいることも分かっていた。

党大会までに私は、自分が持っているあらゆるものを戦いに捧げた。私はいかなる結果にも身を任せることにしたので、気づいたらドリス・デイの「ケ・セラ・セラ」のメロディーを口ずさんでいた。もう結果は、党大会のフロアーやホテルの特別室で忙しく働き、代議員をたぐり寄せ、脱落者を狩り集め、裏切りを防ごうとしている数百人のチームに委ねられているのだ。私が第一回投票で勝利しそうにもないことが明らかになってきた。私には、私を革新と変化および国際主義の化身と見なす熱心な支持者がいるが、その一方でハーバードのスノッブ、落下傘候補のエリート主義者、そしてジョージ・W・ブッシュの擁護論者だと見なして中傷する者もいた。ある人びとはひとつのネイションとしてのケベックについての私の立場を歓迎したが、他の人びとは私がカナダのネイションとしての一体性を売り渡そうとしていると信じていた。ある人びとは新しい政治への私の呼びかけに興味をもったが、指導者として成功するための判断力を私がそなえているかどうかを疑問に思った。

ホテルのスイートルームの二階で、アドヴァイザーを締め出して党大会のスピーチを執筆しながら私は、ネガティブな報道をされたり、頑固な誤解をされたりするのはもう嫌だと思った。いっさい引用されたり、誤って引用されたりしたくないと思った。私はあらゆる誤解が氷解して、四五〇〇人の同胞市民の面前に立ち、ありのままの私が理解され——そして受け入れられる——純粋な承認の瞬間が訪れてほしいと思った。リーダーに選ばれることは、そのような承認の最後の瞬間なのだ。実を言えば、あなたが求めているのはそんな最後の瞬間なのである。その瞬間を求めて私はスピーチを練習し、党大会に興奮を引き起こすような言葉を探し当てようとした。その瞬間が最後にやって来たとき私は、ぎっしり詰まったホールに向けてスピーチをした。そして話が進むに連れて、解放感と高揚感が次第に高まってゆくのを感じたのであった。

今夜はこの選挙戦を通して私が語ってきたことを語ります。わが党は——現にそうであるように——希望の党でなければなりません。そして希望は機会から始まるのです。

福祉の壁をよじ登ろうとする低所得のカナダ人のための機会、小規模な事業でも成功できるコミュニティで暮らそうと願う先住民のための機会、手ごろな値段の住宅を必要とする同胞市民のための機会、好きな職場で働こうとする移民カナダ人のための機会、貧困と暴力から解放されて暮らそうとする女性のための機会、利益の上がる農場を子供たちに受け継がせようとする農民のための機会、彼ら自身のカナディアン・ドリームを、威厳を持って生きる権利をもつ高齢者のための機会。

希望が機会から始まるならば、機会とは教育のことを意味しています。わが党はあらゆる若いカナダ人に向かって、高等学校を卒業したら進学しなさいと語りかける政党であるべきなのです。機会とはイノヴェーションをも意味しています。あらゆる科学者、あらゆる研究者、あらゆる企業家と投資家に、わが党に期待させなければなりません。そして自由党員、彼らはやりとげると言わせなければならないのです。

機会という政策課題はカナダの将来を信じることを意味しています。中国やインド生まれのカナダ人が、中国とアジアの爆発的に拡大しつつある市場を制覇する手助けをする将来。私たちが今日支払っていない負債のために子供たちの将来を抵当に入れることない将来。空気は清浄で、水が汚染されていない将来。

政府が公害に対して税金を課せば、市場が反応します。市場が反応し政府が行動すれば祖先から受け継いだものを取り戻し、子供たちに受け継いでゆくことを保証することができるのです。カナダの善き市民は世界の善き市民なのです。自由党員はエイズに対する国際的な戦いでカナダが先頭に立つことを望みます。デモクラシーと人権を擁護する戦いで先頭に立つカナダ。女性の読み書き能力の向上、基礎的な医療や善き統治に投資するカナダ。傷つきやすい人びとや弱者を守ることができるようにするために軍隊に投資するカナダ。

それこそが自由党員が政治に参加している理由なのです。それこそが私たちが支持しているものなのです。

すなわち希望、機会、環境保護、国際的リーダーシップ。

私たちはいつでももうひとつの偉大で力強い使命、すなわち統一という使命を帯びています。

今夜この大ホールを見まわしてください！

英語を話す人とフランス語を話す人、皆一体となろう！

あらゆる信仰と人種に属する男性と女性、皆一体となろう！

カナダ先住民メーティス〔ヨーロッパ人と北米先住民との混血〕、イヌイットの人びと、皆一体となろう！

西部住民と東部住民、北部住民と南部住民、都市の住民と小さな町の住民、皆一体となろう！

皆一体となろう《トゥソンサンブル》！　と私は叫んだ。大ホールにいる私の支持者たちはこの叫びに唱和した。いたるところにいるすべてのカナダ人、ひとつの偉大な国の市民たち、皆一体となろう！

群衆の中には私の最も古くからの最も信頼できる支持者たちであり、エトビコーク－レイクショアー選挙区からやって来たチームが座っていた。ある代議員が例の叫びに唱和したとき、私の選挙区の住民で英語しか話せない人物が、その騒々しい叫び声について繰り返しこう訊ねた。「彼は何と言っているんだ？　トゥソンサンブル？　何て言おうとしているんだ？」

私が言おうとしたのは、私たちはひとつだということだった。結局のところ、私たちはひとつではなかったのだ。

スザンナと私はスイートルームを後にして、投票するためにフロアーに降りて行った。騒音、照明、いたるところにあるカメラ、待ち受けるマイク、党大会のフロアーにいる人びとの奇妙な満ち引き、歌いながらコンガダンスを踊る代議員、本当の決定がなされようとしている巨大な政治的集会を乗っとった群衆の奇妙な集団的狂気は想像もつかないだろう。議場での投票は午後いっぱいかかった。私は投票するのを待っている人びとの列を歩き回り、支持をしてくれた人びとに感謝した。第一回投票で私たちは一位になったが期待したよりも僅差だった。第二回投票でもリードは守ったが、対立候補が合流したので、第三回投票では後退した。第四回投票で決着が付くはずだった。ボブ・レイは前回の投票で敗退したばかりで、自分の支持票をどう使うのか決断しなければならなかった。私はスザンナと一緒に党大会のフロアーにいて、レイの陣営に向かって歩いて行った。カメラクルーは大勢の支持者と一緒に私たちの後についてきた。ボブがフロアーで私を支持することになれば、党首の座は私のものになるだろう。私たちは子供のころからの知り合いだった。私たちの両親も友人だった。その日の午後に私は、議場に家族と一緒に座ってレイの母親と抱き合った。私たちは大学時代のライバルだった。彼はローズ奨学生としてオックスフォードに進学し、その一方で私はハーバードに進学した。彼が辛い日々を過ごしていたときには、私の寝椅子で六カ月間暮らした。彼は新民主党の一員として政界に入り、酷い敗北を喫する前にはオンタリオ州の知事にまで登り詰めた。彼は有能な政治家であり、敬虔なクリスチャンであった。彼はチャンスを手にしているのは自分だと信じていた。彼が見るかぎり、私は一介の冒険者にすぎなかった。

そういうわけで私たちは、友情と政治とが衝突する瞬間に突然居合わせることになった。私たちは決定的瞬間に気づいて集まったカメラクルーや、あらゆる片言隻句も捕えようとしてマイクを握ったジャーナリストや、四五〇〇人の代議員の耳をつんざくような叫び声に取り囲まれていた。レイに従う人たちが集まっている、ロープで区切られたエリアに足を踏み入れると、ボブの長兄であるジョン・レイが私の行く手を遮った。彼は四〇年にわたりクレティエン首相の政治的相談相手でありマネージャーだった。私はジョンを子供のころからよく知っていた。私たちは共に、トルドーを党首に選んだ一九六八年の党大会のフロアーに居たのだ。今ここで私たちは対峙しており、彼が手をさしのべて私の手を握るかどうかが、問題だった。彼が私の手を握れば、レイの陣営は私の側につくことになる。そうなれば私は党首の座を手に入れることになるだろう。それにもかかわらず彼がしたことは、衝撃を受けるようなことだった。今でも思い出すと衝撃を受ける。彼は歯を剥き出して、巣を守ろうとする獰猛な動物のように腕を広げて、私を寄せ付けないように身を乗り出し、「帰れ」と叫んだのだった。それまで私は、こんなに怒りにゆがんだ顔、奇妙な感動を覚えるほどの保護本能を目の当たりにしたことがなかった。この荒々しく情熱的な勝利への欲望、敗北に傷ついた動物のような姿こそ、政治というものを本当に説明しようと思うなら描かれるべきものなのだ。まさにそれだったのだ。私はその場を立ち去った。彼ら兄弟に上手くいかなかったとすれば、私にも上手くいかないだろう。レイの陣営は代議員の自由投票に委ね、第四回投票で党大会はケベックの住民であるステファン・ディオンを党首に選出した。彼には党首になる資質がたくさんあったが、そのひとつは彼がボブでも私でもないということである。

結果がアナウンスされるとスザンナと私は議場を離れて、散らかった紙ふぶきを踏みつけ、騒がしい連中やプラカードをかき分けながら、がっくりしている支持者たちが集まっているホテルのボールルームに向かって行った。私は椅子の上に立って彼らに感謝の言葉を述べたが、もはや何を言ったかを思い出せない。なぜなら私が覚えているのは、最初から私たちと一緒だった、若いケベックの住民マーク・ジェンドロンがスザンナの肩で泣いていたことと、冷静で悟りを開いたような個人的なアシスタントのマーク・シャリフォーが平静さを失って目に涙を浮かべていたことだけだからである。

私たちふたりについて言えば、涙を流したり後悔したりすることは何もなかった。これがあるがままの政治というものであって、容赦のない、エキサイティングで危険なものなのだ。私たちは戦ったのであり、最善を尽くしたのであった。その夜私たちはコンベンション・センター上にあるホテルの部屋でふたりきりで食事と一杯のワインを分け合った。代議員がバスや列車や飛行機で国中のいたるところに向かって家路につく頃、私たちは素人としては精一杯のことをやったのだと実感した。私たちはトライしたが準備が整っていなかった。もう一度チャンスがあれば、私たちはこの場に留まりもう一度フォルツゥーナと勝負をするだろう。

# 第六章　責任と代表

古代ローマ人の農夫キンキナトゥス〔共和政ローマ前期に登場する伝説的人物。古代ローマ人の美徳と武勇を現す人物として後世に長く伝えられた〕が鋤をおいて共和国の危機を救って以来この方、アウトサイダーが政治の領域へと足を踏み入れては、われこそは堕落から政治を救うためにやって来た反―政治家である、と名乗ってきた。私はローマ人の農夫を気取り、結果として当選には数百票届かなかった。党首選にチャレンジして敗北した私は、首都に帰って下院議員としての生活を再開したが、それとともに素人のジェントルマンのように振る舞うのを止めねばならなかった。自分が政治を職業とする者よりも優れているふりをしたり、アマチュアがプロフェッショナルをやり込めることができるなどと考えたりしても、何にもならない。政治がプロフェッショナルのゲームであり、男たち女たちが一生の仕事にするゲームであるのには、それなりの理由があるのだ。近頃では、たいていの政治家は二〇代に政治家のスタッフとしてキャリアを積み始め、三〇代の末になると選挙事務所に入る。彼らはその全生活を、政界という得体のしれないものの中で過ごすのだ。私は、きっと政界にもアマチュアのための場所があると考えていたのだが、間違いだった。アウトサイダーでも勝つことはできる――バラク・オバマが示してくれたように――が、彼が勝ったのは、何よりも、イリノイ州議会上院で何年も雌伏している間に駆け引きを学んだからである。そのようにして基本的スキルを学んだ後に、共和党からも民主党からも黙殺されていた選挙民――若者とマイノリティ――を動員し、彼らをソーシャル・メディアの力を使って選挙運動に巻き込み、自分のゲームでインサイダーを叩きのめそうと乗り出したのだ。私が運動していたのは二〇〇六年で、驚くべきオバマの選挙運動はまだ二年先のことだった。どうしたらアウトサイダーが勝てるか、お手本になるものがまだ何もなかった。

わが党は私をアウトサイダーとして軽くあしらい、結局インサイダーと歩調を合わせることになった。新しい党首ステファン・ディオンには一〇年あまりの政治経験があった。彼は一九九五年のケベックの分離独立を問う国民投票に際して勇気を示し、分離独立派の論拠を論破し、天賦の才と信念をもってカナダと国民的統一を擁護した。彼は戦闘的な環境大臣になったが、気候変動に関する京都議定書を履行できなかった自由党政府の失敗を負わなければならなかった。党首選の間に、私はトロントでの論争においてこの点について彼を批判した。「ステファン、私たちはそれをやり遂げなかったのだ」。この一撃が効いたおかげで、私たちの関係は冷えきった。彼は環境問題を強く訴えることで若い有権者層を吸収し、経験者に任せるほうが安全だと党のエリートを説得することによって、党首選を勝ち抜いたのだ。政治にはよくあることだが、いまやライバルは同盟を組まなければならなかった。しかし、これは新聞にも市民にもきわめて理解しにくいことだった。有権者は、対立している者同士がある時には互いに攻撃するのに、翌日になるとまた一緒に働き始めるというのは、道徳的に理解しがたいと思う。いったいぜんたい誠実さ、信念、原理原則といったものはどうなったのか？　エイブラハム・リンカーンの大統領顧問団についてのドリス・カーンズ・グッドウィンによる著作が示しているように、政党というものは、少なくとも公の場では好き嫌いは脇において「ライバルから成るチーム」として働くことを学ばなければ、権力を保持することはできない(1)。その過程で自尊心と苦痛をたっぷりと飲み込まなければならないが、時にはリンカーンの場合のように、ライバル同士が、自分のライバルこそが同輩者中の筆頭者の地位〔英国では首相を同輩者中の筆頭者と呼ぶ〕にふさわしいということを認めることもあるのだ――非常に稀なことではあるにしても。

私は敗北を喫してもそんなに恨みには思わなかったが、それまでの長年にわたる対立がこれからも続くということは分かっていた。ただちに納得することができないような基本的な政治的本能をもつ指導者の下で働くのだから。ひとつの選択肢は端的に、手を合わせて、政界入りは間違いだったと認めることだった。モントリオール党大会での敗北後数日してから、ケネディ・スクールの学院長が電話してきた。彼は予想していたよりもずっと綿密にカナダでの私の日程を追いかけていてくれたのだ。彼は私にスクールに戻って教える気があるかどうか訊ねた。感動し驚きもしたが、私は心底から母国に帰ると決めたのであり、その上、エトビコーク－レイクショアーの住民が私を代議士として選出してくれたのだから、代議士を務める責任があると説明した。言うまでもなく、他にも動機があった。私は党が過ちを犯したと考えていたし、きわめて大勢の人びとが空港に私を出迎えて、「君が党首になるべきだった」と言ってくれたからである。これに力を得て、また留まるように言ってくれた人びとへの恩義もあって、大会の後でディオンに会い、私を副党首にするように要求した。そのポストには、党首が不在の場合に、毎日のクエスチョン・ピリオドで、庶民院での野党による攻撃を率いることができるという価値しかない。あまり選択の余地がなかったので、ディオンは渋々ではあるが同意した。彼は弱い支持基盤しか持たない、妥協による勝者だったからである。その後二年間、彼としては最善を尽くして私を権力の中枢からはずした。そのため、ライバルから成るチームを作ると呼びかける大変立派なスピーチをふたりともしたにもかかわらず、私たちはけっしてチームではなく、ただのライバル同士であった。しかしそれが政治の常というものであり、もしも彼の立場にいれば、私も同じようにしたかもしれない。私は、彼の饗宴に現れた亡霊〔『マクベス』の一節〕であった。

私の党首選チームは、ディオンは次の選挙では勝てないだろうと予測した。それで、私に次回にそなえるよう熱心に勧めた。少なくともライバルのひとりであるボブ・レイが、再度立候補することは分かっていた。それで党首選に立候補する野心があることは隠しておくことに同意した。党が陰謀を企む者、少なくとも陰謀を露骨に示す連中を罰するのは正しいのだ。良き兵士のように、私は顔に難色が出ないようにし、新しい党首の背後に隠れた。私は彼のスピーチに喝采し、ほとんどの場合無視されたがアドヴァイスし、意見の不一致があることを明らかにせずに、時期が到来するのを待った。凍える寒さのオタワの冬の間、毎朝私は議会への丘を重い足どりで歩き、救世軍の宿泊所が開くのを震えながら待っている酔っぱらいたちの脇を通りすぎ、マンションの一三階にいる妻に手を振った。翌年、私は全国を回って、高校の体育館、居間、教会の地下で党の支持者に話をし、彼らの意欲を維持すると同時に、自分の意欲も維持しようと務めた。指導者たちの士気がどれほど一般党員に支えられているか、雨の金曜日の夜の集会に率先して出かけ、喝采を浴びせてくれることに支えられているか、人びとはそれが分かっていない。野党に回ったときには、それしかないのだ。配分できるおいしい役職もないし、立法での勝利も、詳しく話せる世界の指導者たちとの会見もない。あるのは信頼だけ、結束すれば一緒に勝つことができるという信念だけである。

支持者を集めることに加えて、私は一〇〇万ドル以上の選挙費用の借金を支払わなければならなかった。私たちはひとりの基金出資者に一遍に借金していたのだが、一年間にわたって悲喜こもごものことがあった。たとえば、モントリオールのぶっきらぼうででっぷりと太った建設業のボスたちとの資金集めのディナーでは、彼らは暖かくて荒っぽい愛嬌をふりまいたが、それでも彼らに楯突いたらコンクリートの靴を履かされるのではないかという疑念を消すことはけっしてできなかった。別の資金集めでは、多額の金が時には人間の性格まで変えてしまうということを感じた。鉱山で富をなしたある億万長者は、一二月の冷たい太陽に照らされたトロントの雪の積もる駐車場で会おうと言ってきた。着いてからベントレーかロールスロイスがないかと探したが、古いクリーム色の一九八八年製クライスラーが駐車場の反対の端に停まっているだけで、私はその回りをまわってから窓をノックした。パーカを着たがっしりとした人物が突然ドアを開けて「散歩しよう」と言った。私は一張羅の政治家用の軽いコート、スーツを着て、ネクタイを締め、ピカピカの黒靴を履いていた。彼はハイキング用の格好だ。トロント渓谷を深く下り、急勾配の森を踏み分けてゆく途中ずっと彼は質問をぶつけてきた。「なぜ首相になりたいのかね」答えが気に入らないと、「もう一度考えろ。もっと良い答えがある」と怒鳴った。そんな具合に、へまな答えをしては質問をぶつけられるというのがずっと続き、ようやく彼が満足したと言ったところで、私たちは駐車場に帰ったが、私はすっかり凍えきっているのに、彼は冗句《ジョーク》をとばし、無礼なほどに健康そうに笑った。そう、これこそが政治なのだ。駐車場で別れを告げて、彼がおんぼろ車に乗って走り去るのを見送りながら、そう思った。こんな風な奇妙な出会いを繰り返して、私は借金を支払った。

借金を払うことだけでなく、私には、私を選出してくれた人びとに対する責任もあった。この責任について知っていることと言えば、パーラメント＝ヒル〔オタワの国会議事堂がある丘〕にある庶民院議場の近くの木製パネル張りの部屋で就任宣誓をすることくらいだった。驚いたのは、宣誓は私を議員の職に選出してくれた人びとについてはまったく触れないことだ。それどころか、わが国のような英連邦のデモクラシー国家がそうであるように、私は女王陛下とその継承者と相続人に誓いを立てた。

「継承者と相続人」という件《くだり》は喉につかえた。というのは、現在の女王が死去した後に、その家族をわが国の主権者と認めるか否かは、私たちが決めるべきだと考えていたからである。主権者と認めるとしても、選出された代表の市民に対する基本的忠誠心を女王家への忠誠として規定するためには、それなりの論拠が必要である。他のデモクラシー諸国はそうした論拠を持っている。私は女王陛下を心底賞賛してはいるものの、君主だけに責任を負っているとは思ってもいない。私たちが現在採用している忠誠の誓いは、代表と代表されている市民の間の溝を埋めているというよりも、いっそう広げている。カナダ憲法を支持する誓いを、またカナダの国民の権利を守る誓いを立てられなかったことは、悔やむべきことに思える。

宣誓をして、私は庶民院で席につく資格を与えられた。あらゆるデモクラシー諸国では、国民の代表が座る議場は立派な場所である。わが国の首都でもそうだ。庶民院は聳《そび》え立つネオゴシック形式の天井をもち、立派なステンドグラス窓がある。三〇〇人以上の議員が座る素晴らしい彫刻を施された机と椅子が、幹部議員と一般議員を分ける通路に向き合って並んでいる。真ん中に議会の権威の象徴である職杖が置かれ、通路の突き当たりには、すべての視線がそそがれる議長席がある。それはカナダの紋章の真下にある掛け値なしの王座なのだ。訪問者のための観覧席が議場の周囲には設けられているが、議場での討論を見つめ、報道できるよう、国民とメディア用の特別席は議長席の後ろにある。

議場で初めて席に座ったときはいつものように誰もいなかった。いたのは緑のカーペットに掃除器をかけている女性と、議事日程表を黒いビニール袋に片付けている人だけだった。私は座って、この場所でウィンストン・チャーチルが一九四一年にあの有名な演説の一節を述べて拍手喝采を浴びたことを思い出していた。「彼ら（フランス政府）にたとえフランスがどうしようと、英国は単独で戦い続けるだろうと告げたところ、フランスの将軍たちはフランスの首相に「三週間もすればイギリスはニワトリのように首をひねり殺されてしまうでしょう」と進言したということである。〔フランスの予想がいかに間違っていたかを揶揄して、もし英国がニワトリだとしたら、フランスが降伏してから半年以上たったいまも戦い続けて健在でいるその強靭さを考えると〕なんというニワトリであろう。またなんという首であろう(2)」。

議場のすぐ外にある議長の部屋で、チャーチルの写真がユースフ・カーシュによって撮られ、葉巻をくわえ丸ぽちゃだが愛嬌ある、反抗心が結晶化したような、彼の象徴的一枚となった。その写真はまだ部屋に掛けられており、国会議員がやってきてその前で自分の写真を撮るのである。

私は議場に座り、ここはカナダの指導者たちが一八八五年に叛逆者リーエル〔一八四四－八五年。カナダの政治指導者。北米先住民とフランス系との混血で、居住地を守るために反乱を起こしたが、反逆罪で処刑された〕の処刑について討論し、イギリス系とフランス系カナダに分裂させることを狙った一九一七年の陰謀の危機について討論し、一九三九年に〔合衆国の参戦に先んずること二年〕参戦の決定について討論し、一九五六年にパイプラインの敷設について激烈な討論をし、一九八〇年および一九九五年にケベックの分離主義といかに向き合うかを議論したことに思いをいたした。まるでこれらの偉大な討論で飛びかった言葉がいまだに鳴り響いているかのようであった。初めて登壇する議員《MP》が議場に畏敬と尊敬の念を抱かないようであれば、また若き市民たちがいつの日にか自分が彼らに取って代るという夢を抱かないようであれば、いかなるデモクラシーも健全なものではない。議場の外のロビーには、議員たちが円形になってソファに腰をかけ、電話をかけたり、選挙区の住民に会ったり、演説のリハーサルをしており、すぐに自分はこの紳士のクラブに選出されたのだと考えることだろう。しかし議場に入ると、もはや紳士クラブの一員ではなく、国民の代表なのだ。国民を代弁するためにそこに居るのである。

議会のロビーで市民のグループと会うたびに、これはあなたたちの議会、国民の議会なのだと言ったものである。議会は彼らのものであると私は信じているが、それは彼らの税金がそのために使われており、彼らの投票によって私がそこにいるという理由からだけではなく、もっと深い理由からである。誰が「私たち」なのかを決めることこそが政治だからである。国民が享受するサービスのためにいくら国民に課税するか、あれこれの市場をどの程度規制するか、公益を害するあれこれの利害をどの程度認めるのか、こうしたことをめぐる何千もの一連の決定を通じて、この「私たち」が創り出されているのである。無数のそのような決定、謀られた妥協、そして廊下での取引――それらの多くはしぶしぶ行なうものであり、不完全な情報と不誠実さ、双方に少なからぬごまかしを伴うものであるが――から、私たちが一緒に生きて行くことを可能にする共同生活が縫い合わされるのである。私たちは妥協をするためにお互いに説得し、なされた妥協を守るのである。対抗者が説得に応じなければ、妥協は不可能である。(3) デモクラシーのロマンが私の想像力を強く捉えていなかったならば、私のような人間が学問の世界の愉しい生活を投げ打って、庶民院入りすることはなかっただろう。

政界にいた間に、私はデモクラティックな説得が議員総会で数えきれないほど何回も功を奏するのをこの眼で見た。その時、わが党の同僚たちが立ち上がり、彼らの選挙区の立場にたって問題を見なおすように私たちに促した。これらの総会が、争点に対する私の気持ちを幾度となく変えたのである。私はデモクラティックな説得が、組合の集会、教会の地下、タウン・ホール・ミーティングで機能するのを見た。市民たちは立ち上がってマイクを手にし、あれやこれやの連邦プログラムがどれほど酷いありさまかを私に語り、できることなら問題を解決しようと決心して私はその場を去ったのである。彼らは自分たちの統治機構を信じていて、それが機能するのを望んでいる。だから、私たちのデモクラシーは困難に陥っているとは言いたくない。デモクラシーは生きているし、市民の心にしっかり根づいている、少なくとも私はそう信じている。デモクラシーがあまり健全ではないのは、私たちのデモクラシーのまさに聖域であるべき場所、つまり庶民院なのだ。私は五年間に聞いた演説のなかで、党に有利になる事実を忠実に述べ立てる演説はいくつも聞いた覚えはあるが、本気で説得しようとした演説を思い出すことができない。党規律の強い圧力のもとでは、私自身を含めた誰もが、私たちを議会に選出した国民を代表するというよりも、私たちをまとめている党を代表することになったのである。

わが国のような議会制度においては政治行動に対する党規律の締め付けが強いということを、いくら強調しても大げさすぎるとは言えない。私が政界にいたときに、私の友人は自由党員であり、私の同僚は自由党員であり、私の交際相手は自由党員であった。さらには週末が終わって仕事のために首都に帰る飛行機に搭乗しようと列に並んでいるときにさえ、私が親しくしたのは自由党員であって、飛行機に乗るために一緒に列に並んでいた他党の国会議員ではなかった。政界を離れてすぐに、愚かしいほどに突然気づいたことだが、かなり上質の保守党員もいれば、たくさんの品位ある新民主党員もいたのだ。庶民院で角突き合わせているときには、私たちは互いに何を言われても納得などしないように、息を詰めていた。党の院内幹事はすでに投票をどうするか決めており、敵対する連中を押さえ込むか、奴らをうまくからかって当惑させることが、私たちの仕事であった。トルドー首相は、パーラメント・ヒルを離れれば、国会議員に敵も味方もないと言ったことで有名だが、これはちょっと驚きである。(4) 私がずっとこの一言が好きになれなかったのは、デモクラシーに対する傲慢と軽蔑があるからだ。厄介なことに、この言葉には身につまされるような真実が含まれている。解決法について言えば、それを考えることはさほど難しいことではない。もっと多くの自由投票、議会委員会が自由に議長を選び、党規律からは自由に委員会を運営し、議会を閉会し恣意的に解散する首相の権限を制限することである。これらによって議会のまとまりは緩くなり、予定調和でも統制が効くものでもなくなるが、もっと本当に国民を代表するものになるだろう。

庶民院で働いていたときに私が目撃したわが国のデモクラシーの特徴のひとつには、特別な注目を払う価値がある。というのは、それがきわめてカナダ的なものだからである。それは、ケベック独立に関する国民投票の際には全員がカナダの分裂を訴えたブロック・ケベコワ〔ケベック地域の権益を代表する政党〕が、ジル・ジュセップに見事に率いられて議席を得たことである。この国に留まることに同意しなかった人びとが議会に居ることができる、そのようなデモクラシーを愛さなければならない。彼らは原理原則の問題としてフランス語以外のいかなる言語も話さず、女王に対する忠誠の誓いを立てることを拒否するが、にもかかわらず模範となるべき議会人であり、卓越した同僚議員であり、国民の良き代表であった。私は、これほど究極的な不同意を認め、しかし礼譲と尊敬を守るデモクラティックな議場を誇りに感じていた——今でも誇りに感じている。

それに比べると、わが国のデモクラシーの他の側面はずっと魅力に欠けている。私たちがクエスチョン・ピリオドに働いているのを見にきた市民たちは、ショックを受けただろう。クエスチョン・ピリオドはまるで相撲のようにきっちりと手順の決まった、儀式のような敵意の交換である。毎日クエスチョン・ピリオドが午後二時一五分ぴったりに始まると、いつもは空っぽの議場に政治家たちがどっと押し寄せ、その後の四五分間のつばぜり合いの果てに、人より抜きん出るか、遅れをとるかのいずれかである。質問と答えは三五秒を超えることはできず、補完的な質問は誰であろうとひとつしか許されない。慣習として、少なくとも質問の半分はフランス語で行なわれることが求められる。五年間にわたって、私は議長の目の前で、上のギャラリーから人びとに見下ろされながら、あるいは家のケーブルテレビで見られながら、政府と、時には首相個人と直接に対決した。この種の挑戦を受ける必要のない合衆国大統領とは違って、首相は少なくとも週に一度は質問を受ける。これは彼に身の程を知らしめ、抑制《チェック》しておくためのものとされている。しかしながら、実際に起こることは、まったくそれとは違っている。ここでは代議制デモクラシーの現実と夢想とは対立しているのだ。ほとんどの西洋のデモクラシー・システムにおいては、何世代にもわたって、力は立法府と代議士から、執行府、永続的な官僚制、司法とメディアへと移動しているのである。クエスチョン・ピリオドが始まるとどの野党議員もこのことを感じる。通路を隔てた向こう側でバインダーを手にした大臣には、想定されるあらゆる質問に対する答えを用意している政治スタッフと官僚が控えている。野党議員は、メディアの記事や廊下で耳にしたうわさ話を取り上げたり、議会図書館でこつこつと資料を集めたりしなければならないのであり、不満分子の官僚から特ダネの文書が漏れるのはきわめて稀なことである。情報の非対称性は野党議員を不利な立場に立たせており、野党議員にもっと情報源を与えることによってこの非対称性を修正する——たとえば、ドイツの政党は自前の調査機関をもっている——ことができるのだが、権力をもつほとんどの政府には議会制デモクラシーを向上させようとする本物のインセンティブがない。政府の利益はもっぱら情報を獲得するのに有利な立場を強めて、立法府を意のままに威圧しておくことにあるのだ。立法府の仕事は政府に説明をさせることにあるのだが、その立法府にもっと力を与えようと思うのは、よほど賢明な指導者であろう。

首相が庶民院を従わせようという相変わらずの戦略をとり始めると、問題はさらに悪化する。ハーパー氏の場合、ある面でこれは気質の問題——彼は生来の支配者のひとりであった——であり、ある面では戦略的な計算の問題であった。庶民院における多数派を抑えていなかったために、生き残るにはできるだけ断固として議会ゲームを行なうしかないと信じていた彼は、まともに答弁もせず、自分を論破しようとする者がいれば誰であろうと、その愛国心に疑問を投げかけた。たとえば、私たち野党が、アフガニスタンで拘束された者たちの抑留施設への移送をカナダ軍はどのように行なっているのかと質問すると、首相以下閣僚が立ち上がって私たちをタリバン・シンパだと非難したことは一回や二回ではない。犯罪率は低下しているのになぜ政府はこれほど刑務所に支出するのかと質問すると、殺人者とレイプ犯に私たちが寛容だと非難されたことも、一回や二回ではない。このような容赦ない党派的対応しか、首相がとれなかったわけではない。野党と取引することもできたのだ。そして二〇〇六年の選挙の結果、わが党が弱体であるということが分かったのだから、やがては協力することもできただろう。事実数回にわたって、私たちは協力したのだ。二〇〇七年一一月と一二月にチョーク川にある原子炉が停止し、世界中の癌病院からラジオ・アイソトープが消えた時には、私たちは議会で妥協して原子炉を再開し、アイソトープを病院に供給することにした。二〇〇八年、アフガニスタンでの部隊派遣の期間を再交渉することになった時にも、私は、派遣団を戦闘任務から訓練任務に変更し、引き上げ日程を明確にするという妥協をなんとか作り出した。この場合妥協が可能だったのは、私たちの利益が一致していたからである。政府は部隊を引き上げる方策を模索しており、私たちもそうだったので、どちらもそもそもカナダの出兵に反対していた新民主党を置き去りにして、戦争の問題を論じることに同じように利益を見いだしたのである。こうした協力を行なった時には、私は議会で働くことに喜びを見いだすことができた。しかし今でも、アイソトープ問題で首相と直接仕事をした後で、質問タイムの直前に議場で彼が近づいてきた時のことをまざまざと思い出す。彼は、私が受けるにはこれほど場違いな言葉はなく、二度とこんなことはやらないと思ってしまうような言葉をささやいた。私を脅かしているのかと尋ねると、彼は不気味に笑って、席に着いた。その後の質問タイムで、彼は攻撃に転じ、協力は終わったのだと私は悟った。

彼は極端に戦闘的な本能をもっていた。ディオンが野党第一党の党首になって数カ月のうちに、首相は主要な商業ネットワークを使って、よく練られたネガティブ広告キャンペーンに乗り出した。それはわが党の党首選で、私が言った「ステファン、私たちはそれをやり遂げなかったのだ」という言葉に応えて、ディオンが党首というのは難しいのだと言ったやりとりを大きく取り上げたものである。「ステファン・ディオンは指導者なんかではない」という一節が保守党のあらゆる広告のキャプションになった。少数派政府の現職首相が、選挙期間でもないのに野党の指導者を攻撃するなど、前例のないことであった。これがずっと続くキャンペーン政治の最初の経験であり、そしてその効果はすぐに現れた。わが党の世論調査の数字が急落するとともに、庶民院での保守党の立場は強くなった。私たちは無理に首相の不信任投票をして、総選挙に持ち込むつもりはなかった。首相の容赦のない党派的態度は成果を上げたが、その代償として、庶民院での不快な空気はますます酷くなった。そして、庶民院で行なわれていることからますます公衆は離れていった、と言わねばならない。

　私は何回も首相と渡り合ったが、彼を怒らせ、調子に乗らせないようにして、凡ミスを誘うことは、不可能ではなかったにしても難しかったということは認めざるをえない。彼は理由もなく首相になったわけではない。確かに彼には、粘り強さ、自制心、無慈悲さがあった。彼は確固として揺るがぬ確信があるという印象を与えるが、実際、都合が良いとなればどんな政策でも喜んで放り出した。確信があるという印象とまったき日和見主義を併せ持つというのは希有な才能である。もう一度言うが、五年間彼と対立していた者として、彼の狡猾さは賞賛せざるをえない。彼は都合の良い時には小さな政府を唱え、景気が後退すると巨額の財政支出を主張した。野党時代には妊娠中絶と同性婚に反対したが、政権を取ると賢明にも、自分たちは文化戦争に敗れたのだとして容認した。彼は時とともに変節を重ねながら、プレーリー地方のポピュリスト、宗教的熱狂主義者《エンスージアスト》、右翼イデオローグのぼろ屑のような連中を寄せ集め、彼らの襟首を掴まえて、選挙に勝利するマシーンに造り換えたのだ。このこと自体がひとつの大きな業績であり、次第に彼は庶民院で自信を深めていった。なぜなら、彼の後ろにいる議員たちは彼の言いなりであることを知っていたからである。

時折、議場で首相あるいは大臣に対して成果を上げると、同僚議員たちがロビーに集まって、私を賞賛してくれた。へまをすれば、夜のニュースで「取り上げ」られ、勢いがあるのは政府ではなく私たちの方なのだと信じながら、その日を終えるのだった。しくじると、メディア席とわが党の議員総会では、私の手腕も鈍っている、政府は労せずして利益を得ているという噂がかけめぐった。クエスチョン・ピリオドのショーの終わりにギャラリーから降りてきたばかりの選挙区住民に会うと、その反応はまったく違った。通路越しに投げつけられる侮辱の言葉とやじに対する驚きである。議場にいるほとんどの議員はそうしたノイズには慣れっこになっているので、いかにそれが聞き苦しいものであるかということを思い出させることができるのは、選挙区住民なのである。私が招いた人びとのほとんど――特に女性――は、顔をゆがめてやじを飛ばす面々、人を愚弄する、惨めなほど子供じみた卑しさにすっかり嫌気がさしていた。私が政界にいた当時、選挙区住民のクエスチョン・ピリオドに対する反応ほど、政治と国民との間にある溝を見事に示したものはない。政治家にとって、それはあるがままの生活なのだ。選挙区住民にとっては、それは統制を失った幼稚園のように見える。政治は遠くにある騒乱と混乱に満ちた場所で行なわれる、残酷で予想のつかない血なまぐさいスポーツであるという公衆の感覚は、修復のしようのないものだろう。というのは、少なくともある場合には、政治はまさにそのようにしか見えないからである。

それどころか、良き政治家はこの溝がいかに大きいかを知っていなければならないし、上院や議会のホールの外では、多くの人びとが政治的対決の見世物を嫌悪感ないし不安をもって見つめており、あっという間に無関心になってしまうということを理解していなければならない。この永遠の疎隔状態と付き合っていくことは、政治家の技芸の重要な要素である。政治家というものは、自分たちの職業に対する決して尽きることのない嫌悪感の中で、信頼をうまく勝ちとらなければならないのだ。国民は、政治家が自分たちを放ったらかしにして、自分たちには何の利益ももたらさない冷徹なゲームに参加しているのではないか、という疑惑を抱いている。国民を代表する者はその大部分の時間を、実際にはこうした疑惑を晴らそうと務めることに使うものなのだ。こうした国民の感情を押し止めるために、最大限のことをしなければならない。近隣のガーデンパーティに、ＰＴＡの集会に、テープカットのセレモニーに、学校の表彰式に参加したりすることによってである。これらはすべて、自分がわけも分からない政治的世界に行ってしまったのではない、ということを示すためのものである。政治家の信じがたいような日程、私的生活をほとんどすべて投げ出して、毎週末にいかに多くの選挙区の行事に参加したかを誇らしげに語ること、これらの活動はすべて「そこにいること」を示し、自分を選んでくれた国民に対する忠誠の証を示す必要から生じたものであって、首都において演じられる陰惨なゲームのためではない。しかし代表者と国民の間の溝は完全に埋めることはできない。代表者と彼らに投票した人びとは同じ情報、同じ空間、同じ関心を共有しているわけではないからだ。政治的問題は、大雑把に言って、ふたつに別れる。ひとつは、政治家と、ゲームを追っているメディアと支持者から成る内情に通じたごくわずかの集団にとってだけ重要な問題であり、もうひとつは、ずっと数は少ないが、多くの国民にとって重要な問題である。前者と後者を混同すると、自滅を味わうことになる。

庶民院は国民を代表する議会であるが、国民はそこで起こっていることにはそれほど関心をもっていない。たとえば、私たちは、首相が議会を露骨に侮辱していることを公的問題にしようとした。私たちはこう指摘した。別々の重要な法案について討論と投票をすることを認める代わりに、ハーパーはそれらをひとまとめにしてひとつの、場合によって数百頁にもおよぶ予算案に組み込むことを選んだ。そうすることで、投票を信任投票に変えたのだ。つまりこの法案が否決されたら、首相は選挙を求めるということである。こうした「ゴミ箱法案」——規制と立法のまったくごっちゃな寄せ集めであるが、中には非常に重要なものも含まれている——では、議会が適切に討論し、監査し、評価し、修正することは不可能である。何やかにや言ったところで私たちは立法者でしかないのだが、政府はその仕事をさせないようにするのである。このような法案は、賛成するか反対するか、自分のやり方に文句があるなら出てゆけ、というものである以上、私たちはカナダのデモクラシーに対するあからさまな侮蔑を示したものだと考えた。また彼が二度もやったように、閉会して首相が議会をまったく閉ざしてしまうのは、デモクラシーの慣行を破ることであった。私たち自由党員は声のかぎりに叫び、約一〇万人ものカナダ人が党派を問わず、議会閉鎖に抗議する請願書にサインした。しかし、私たちはそれ以外の人びとを説得して注目させることはできなかった。ゲームの最中に、政治家が相手方を非難すると、たいていの場合有権者はそれを無視する。それは、「政治家はそう言うものだよね」という良識ある懐疑に基づいている。有権者はまた、自分たちの代表として政治家を選んだのであり、政治家は仕事をちゃんとやって、選挙の時になったら帰ってきて会えばよい、と考えていた。そしてこれは、代議制デモクラシーに関する広く共有された考え方なのだ。(5) しかしながら結果的に、私たちが議会の特権、政府文書を要求する権利、討論し、立法を審査して修正する権利、実際に代議制デモクラシーが要求していることを行なう権利を擁護している時には、公衆はあくびをしているのである。こうして有権者は、デモクラシーの制度とはかけ離れていることの代価を払うことになるのである。

立法府においては、国民を代表することのわずかな部分が行なわれているだけである。ほとんどの時間、良き代表は家に戻っている。つまり「選挙区を回っている」のだ。私は選挙区のメインストリートに出先事務所を置いており、人びとが一日中出入りした。私の選挙区秘書メアリー・カンサーと彼女のチームが来る日も来る日も地域の利害関係者との面談を予約した。主として私は、LAMP地域健康センター、女性シェルター、ジョブスタート（地域の雇用訓練機関）、デイリー・ブレッド・フード・バンクを運営している人びとの話を聞いた。こうした面談によって、現代社会において社会のセーフィティネットが実際にはどのようなものなのかを理解することができた。それは、小さな資金不足の機関からなる不安定かつ相互に競争的な構造であり、そうした機関は、自分たちの資金をいかに拡大するか、そしてサービスの提供を受けている人びとの刻々と変化する状況とニーズにいかに応えるかを知ろうと努めている。代議士であるということは、こうした機関がどのように働いているかということを理解し、できるならば資金を提供することである。そしてまた、移民や失業者、ハンディキャップを負う人びとを助けようとして最前線で戦っている彼らの生活の物語に耳を傾けることである。私は、現代都市の社会サービスを決然として運営している個人に対する熱い尊敬の念を抱きつつ、政界を後にした。彼らは全力を尽くして、私たち市民としての連帯を維持する社会的基礎構造と諸制度のほころびを修繕し、新しいものに変えているのだ。

同胞市民を代表するということの意味は——これは大きな発見であったが——、政府それ自体の無能力と無関心から市民を守らなければならない、ということでもあった。公務員の息子としても自由党員としても、これはショックであった——そしてまた目を覚まされるようなことでもあった。私の選挙区事務所にパスポートの発給が遅れている、ビザが保留されている、税金の書類をどこかに忘れたといった話をしに市民が顔を出すと、スタッフと私は電話を手にして手助けしようとした。どの代議士も、市や州、連邦の官僚機構の内部深くにあるネットワークを使ってスタッフを動かさねばならない。彼らのおかげで、選挙区の人びとのために数多くの問題を解決した。私たちがカフカの小説を思わせるような役人との悶着を解決したときには、選挙区の人びとは感謝の涙を流した。人びとの代表であるということは、市民の相談窓口、ファイナンシャル・アドヴァイザー、家庭法律顧問、サイコセラピストになるということなのである。

自由党員は、政府は良いものだと信じているが、しばしば自分の善意にだまされるという過ちを犯す。現実の政府サービスの提供には考えねばならないことがある。時間がかかるし、独断的だし、まったく不十分なのだ。あるサービスを市民が求めるということは、結局のところ、特権を主張しているのではなく権利を主張しているにすぎないのだが、最終的に私の事務所にやってくる市民は、理解できない規則の迷路にはまって、怯えきった表情をしていることが多い。彼らはよく理解できない書類を握りしめて、役人から受けたよく分からない指示を繰り返した。彼らの中にはけっして無知などではない人もいたが、ほとんどの人は、彼らに奉仕するために居るはずの政府の役人に出会って、意気消沈していたのである。

彼らはまた私が何かできるだろうと期待していたが、それは野党の議員として私がもっている具体的な力ではどうしようもないものだった。政府の部外者である私は、保守党の大臣とそのスタッフの好意に頼らなければならなかった。そして彼らの多くは立派な態度で対応してくれたが、中にはその力を保守党支持者のためにしか使わない者もいた。私のスタッフが頼み事をするのは、ほとんど移民に関係するものであった。この点でリベラルの善意と官僚制の現実の間の溝は計り知れなく深いものになる。毎年二五万もの人びとを移民として受け入れている国は、承認待ちの希望者を抱えざるをえないのだが、わが国の移民局は、大量の人に圧倒されているようだ。選挙区住民は、インド、パキスタン、中東から家族の洗礼、婚礼、葬式に来る家族のためにビザをとってほしいと私に懇願した。これらのビザはすべて自由裁量によって与えられるので、決定はしばしば恣意的で不合理に思える。わが党は一九六〇年代後半にこの国を多様な文化からの移民に開放し、以来、私たちは自国を支えるために移民たちを利用してきたのだ。私たちが注意して見なかったことは、不可解なビザ手続きが、わが国の目に見えるマイノリティのコミュニティにおいて家族が再会することの妨げになっているように思われることである。これらのコミュニティに多文化主義的なシティズンシップを保障することは、費用もかかるし、理解が得られず、障害が多い過程なのだ。私はとりわけふたり姉妹のことを覚えている。彼女たちはインド出身で看護婦の訓練を受けており、年老いた両親を引き取って家族が一緒にその晩年を暮らすことができるようにするため、私たちと手を尽くした。彼女たちは手続きの手配をした。インドに帰り、両親が身体検査と移民局の面接を受けるのに付き添ったが、それでもビザは下りそうにもなかった。とうとう私が移民省大臣に直接訴えて、七〇代後半の両親にビザが認められてカナダに到着し、喜び溢れる子供たちと会ったのである。その一週間後、父親が亡くなった。この手続きには全部で六年かかった。この悲劇的な結末について責められるべき特定の人間がいるわけではない――そういう人間がいることはめったにないのである。そして姉妹は、私のスタッフの努力に感謝して花を贈ってくれた。しかし、この一件がもつ政治的意味は憂慮すべきものであった。私のように政府を強化することが良いと考えている自由党員には、ビザを申請することがどのようなことであるかが分かっていなかった。政府の役所で列に並び、コンピュータ化された政府の応答サービスを待ったり、遅れた年金や雇用保険の小切手を待って一日中郵便受けの回りをうろついたりすることが、どのようなことか分かっていなかったのだ。こうした経験をさんざんしたあげく、できるかぎり自分の生活から政府というものを遠ざけておきたいと思う選挙区民もいた。リベラルな国家が市民を尊敬の念をもって処遇することができないとしたら、政府に関わりをもたないですむものならそのほうが良い、国家に関わりをもたないですむものなら税金は低いほうが良い、市民はそう結論づけるのだ。このような下方へのスパイラルの政治的受益者こそ、私たちと対立する保守党なのである。彼らはなんの解決策も示さない——税金を安くするために公共サービスを削減することは、なんといってもサービスが必要なものでありつづけるかぎり、なんの答えにもならない——しかし彼らは、現場から離れた場所でムード音楽に聞きほれていたが、私たち自由党員にはそんな暇はなかったのだ。

二〇〇八年九月、政権に就いて二年半後、ハーパー氏は、わが党党首に対する宣伝攻撃によって選挙情勢が有利になったとみて、多数派政権をつくるために議会を解散することを決心した。これは首相の専権事項であるが、その際に彼は、カナダの定例選挙日程を守るという約束を反故にした。選挙戦で私たちは、首相をアメリカの右翼イデオローグとして描こうとした。本当のところ彼は、権力の追求以外にはなんのはっきりした方針ももたない、取引にだけは長けた日和見主義者なのである。選挙運動の宣伝で彼は、自分のイメージを無慈悲な戦闘的リーダーから、家の暖炉で微笑む、セーターを着た温和なホッケー好きの父親に変えた。

選挙はリーマン・ブラザースの破綻、保険業界の巨人ＩＣＧの急落、貯蓄、年金、投資の世界的な崩壊と重なった。サブプライムがバブルを引き起こしており、住宅価格があり得ないほど上昇していることについて警告を発する声もなくはなかった。しかし誰も耳を貸さなかった。この危機は――私たちを含めて――世界のすべての政治的階級に不意打ちをくわせるものだった。私たちリベラルは世界中の首都で政治的ゲームを戦い、権力を狙っていたのだが、そうしている間にも、グローバル・エコノミーの計器盤には危険信号が点滅していたのだ。

突然の地球的《グローバル》な危機に直面して、首相の政治的本能はすっかり消え失せて対応を誤り、株式市場が急落しているときに、今こそ格安の投資銘柄を買う良い機会だという、悪名高い提案をした。不幸なことに、私たちにもそれ以上に首尾一貫した主張があったわけではなかった。私たちは炭素税について取り組んでいたが、それは突然金融市場が大暴落したという状況では、良い政策ではあったにしても良い政治ではなかった。私自身の選挙区での再選運動の間、気候変動の政治について有権者から教育を受けた。ひとりの女性が車寄せから車をバックさせて停まると、窓を下げて言った。「毎週水曜五時に息子をホッケーの練習に迎えにいかなきゃならないの。郊外には公共交通機関はないからね。なのにあんたたち自由党がやっていることと言えば、ガソリン代をつり上げることばかりだわ」。彼女は高炭素ライフスタイルにがんじがらめになっているのだが、代わりに低炭素の解決法を採用することはできない。そして彼女は、公共の交通機関を整備すると約束されても、それが彼女の住む通りにまで張り巡らされるには何年もかかるということを知っているのだ。このような出会いは、デモクラシーを政治家にとっての絶え間ない教育に変えるものなのである。この女性のおかげで、私は炭素税が政治的に受け入れられるものになるのは、車の代替をどうするかという市民の問題を解決し、低炭素の解決法に移行するほうが効率的であるようにしてからのことのである、ということを学んだ。二〇〇八年一〇月総選挙の日、不安で混乱した有権者の票は割れた。有権者は炭素税に納得せず、わが党は一〇三から七七に議席を減らした。保守党は一二四から一四三に議席を増やしたが、首相が多数派をとることはできなかった。有権者は、進行しつつあるグローバルな金融危機への対応を誤ったと考えたのである。有権者は、ジャック・レイトン率いる左翼の新民主党の議席を八つ増やした。金融の嵐の進行する最中で、カナダ政治の中心はバラバラになってしまったのである。

二〇〇八年一一月、わが党の党首ステファン・ディオンは大敗北に直面して、辞職して新しい党首に席を譲ると宣言した。それから六カ月後の二〇〇九年五月にバンクーバーで後継者を指名する指導部会議が開かれることになった。私はそれほど意気軒昂ではなかった。わが党の状態は悲惨だったたからだ。しかし私は立候補を宣言し、今度こそは勝利はわが手にあると確信して、準備にとりかかった。ボブ・レイと、ニュー・ブランズウィック選出の百戦錬磨の若き議員ドミニク・ルブランだけが、レースに名乗り出た。もう私たち三人しか残っていなかったのだ。

一一月に議会が再開されても、ハーパー首相がますます酷くなる経済危機に対してなんの方策も提案できないことに、誰もが驚いた。彼は金融破綻をまったく無視して、その代わりに馬鹿げたことに党派的な議案——政党への公的助成金の撤回を含めた——を持ち出したが、それは野党を煽ることを意図したものだった。これは秀でた戦略家だと思われていた首相が行なった、驚くほど戦闘的で分別のない政治的行動だった。議会で議席を増やしてからひと月のうちに、彼は野党を挑発し、庶民院での統制力を危機に晒していた。二年目にしてようやく、彼は反攻に出る絶好の機会を私たちに与えてくれたのだ。しかし私たちにはリーダーがいなかった。それからまったく晴天の霹靂だったのだが、ディオンは少数の取り巻き以外には誰にも相談することもなく、新民主党のジャック・レイトンおよびブロック・ケベコワのジル・ジュセップと、保守党を打倒し、それに代わる連立政権を樹立するための秘密協定を結んでいたと発表したのだ。通常、議会で政府が敗北すれば選挙が行なわれるが、選挙は行なわれたばかりだったので、新しい連立政権のパートナーたちは事実上の国家元首である総督に訴えて、自分たちの政府を構成する承認を得られると信じていた。もし連立が議会での多数派を形成することができれば、新しい選挙は必要ないだろうし、自由党—新民主党政府が保守党政府を引き継ぐことになる。ブロック・ケベコワは閣外協力になるだろうが、連立政権の将来は議会での彼らの支持にかかっている。連立合意では、カナダを景気後退から脱出させるための真面目な景気刺激策を提案していた。ディオンは連立計画を公表し、辞職を撤回して自分が連立政権の臨時首相を務め、党大会で党首として再選されるのを待つと宣言した。これまでにカナダの政治でこんなことが提案されたことはなかったし、特に私にとっては晴天の霹靂だった。私は副党首ではあったが、他党との秘密交渉からは排除されていた。私の眼に映ったのは、いかなる手段をもってしても権力にしがみつき、生き残るために大芝居《クー・デ・テアトル》を打つ、破れかぶれのリーダーであった。器用で有能な俳優であれば上手く演じたかもしれないが、全国テレビ放送で計画を話したとき、彼はただ失笑と幻滅を買っただけであった。彼の演技は、演出が酷く、演じ方も不器用だったので、口の悪い連中からは処刑ビデオと呼ばれたくらいだった。

　これは、政治においてはどれほど理解しがたい行動が起こりうるかを思い起こさせるのに役立つひとつのエピソードであった。ここに見られるのは、ケベック分離主義者の雄弁に立ち向かって高い評価を得た、確固とした原理に基づく政治指導者が、今や分離独立政党の指導者と秘密裏に取引をしている姿である。政治について見事な文章をものにした指導者が、有権者が理解できるような簡明な言葉で連立を説明できない姿である。連立はたとえ理論的には合法的であるにしても、現実には正統性を欠いていることを理解できない憲法の専門家の姿である。問題は連立それ自体にあるのではない。

選挙の勝者の間で連立を組むことはある。二〇一〇年五月に英国の保守党と自由民主党はそれをやって見せた。そしてそれ以来この連立は運営が困難なことはあったが、正統性は一度も問題にならなかった。(6) わが国の場合、選挙の敗者同士の間の連立である。政府は庶民院での議席を増やし、わが党は議席を失った。二カ月前に正式の手続きで再任された政府を私たちは否認しようとしているのだが、そのことをどのように人びとに説明したらよいのか。庶民院で敗退すれば、首相は総督に議会の解散を求め、また選挙を行なうだろう。いったいどうすれば、わが党が代わって政府を構成することを求めるよう、総督を説得できるのか？――これは些細なことではない。総督は、有権者からの委任状を貰うために私たちを選挙区に帰らせるに決まっている。政府は私たちがクーデタを起こそうとしていると喚いている。その政府に対抗する委任状をとることなどできるだろうか？　たった一カ月前にはお互いを非難しあっていた選挙での敗者が連立を組んで、どうして有権者の支持が得られるだろうか？

私は、カナダの進歩的勢力が結集しないかぎり、保守党が長期にわたって権力を握ることになるだろうということを、他の誰にも劣らず認識していた。新民主党とブロック・ケベコワは政治的ライバルである――わが党は何年にもわたってカナダ政治の裏通りで彼らと戦ってきた――が、敵ではない。もしも三党が選挙後に議席を増やしていたなら、新民主党だけとの連立は支持することができた。しかし、実際はそうではなかった。またわが党は、庶民院での信任投票を回避するためにブロック投票が必要であった。そして私には、国民的統一を党是としている党が、国を割ることを党是としている党の参加する政府に、どうしてその未来を託すことができるのかが理解できなかった。私はそれについて思い悩むことはなかった。すべてはまったく明らかであるように思えたのである。連立の危機は、私がそのドラマを積極的に楽しむことになった瞬間のひとつである。何をすべきかが私には分かっていたからである。

三党の国会議員全員がしたように、私にも連立文書にサインするようディオンは要求した。私は拒み、次には命令された。党首の直接命令を拒否することは党を分裂させるかもしれない。それで同僚であるアーウィン・コトラーと私は自由党議員総会で最後にサインしたが、その直後に私は反対の意見を明確にした。この時までに、いずれにせよ党には分裂が近づいており、連立の取引をめぐって上から下まで亀裂が入っていた。党首選での私の対立候補ボブ・レイはその政治生活の大半を新民主党で過ごしたので、連立のアイデアは魅力的だったようだ。それに彼は、わが党は首相の首根っこを完全に抑えており、それを維持すべきだと考えていた。しかし議員総会出席者のほとんどは私のように考えており、レイ、ディオン、連立の支持者はいなくなり始めていた、一二月中旬、議員総会内での意見が鋭く対立した討論で、ディオンはもはやこれ以上仕事を続けることを支持するものはいないと気づき、負けを認めた。ドミニク・ルブランは、私を支持することに転じたと表明した。その後、ボブ・レイは手の内を見て諦めた。自由党下院議員と上院議員の総会で私は暫定党首に選出され、五月にバンクーバーで開催される党大会で、一般党員による承認を受けることになった。
こうして私はようやく党首になったが、それはわが党を真っ二つにする本格的な憲政危機のただ中のことであった。目前には全野党が動議として提案した下院における信任投票が待ち構えていた。一二月の半ばには、追いつめられた首相が総督のもとに行った。総督が議会の延長を認めたので、首相は庶民院での敗北を避けることができた。この計略によって、ハーパーは自分の政府を救ったのである。私たちはクリスマスに家に帰り、問題をじっくりと考えた。

クリスマスが過ぎると、新民主党の党首と私は秘密裏に会った。彼は私に政府を倒して、彼の党と連立を組んで政府を組織するよう懇願した。私は、ジャック・レイトンが非常に熱心だったこと、「新しい政治」にチャンスを与えようと彼が語ったことを覚えている。私は、議員団をまとめるのは難しいだろうと話した。それ以上に根本的な問題があった。分離主義者たちが背後にいる秘密の取引から生まれる、準備不足の「新しい政治」なるものはいったい何なのか？　現状でも、もう十分に政治と国民との間に溝があるのだ。連立はこの溝をより深いものにするだろう。もし私がこのような状況に首相になるとしたら、何が待ち受けているかがきわめてはっきりと分かっていた。公衆の前に登場するたびに、私はきっと首相の職を盗んだと断罪する市民のデモ隊に遭遇することになる。私たちは、一九三〇年代以来の最悪の金融危機に急速に陥りかねない事態のまっただ中にいた。日和見主義《オポチュニズム》は政治においてはひとつの美徳かもしれないが、これほどの規模の危機を利用するとなれば、きっと軽蔑されることになるだろう。今は有権者の忍耐を試している場合ではないし、彼らのシニシズムは私たちのシニシズムと同じだと考えている場合でもない。国民が語る声に耳を傾けるべき時なのだ。われわれの仕事を守れ、ゲームをやるのは止めろ、という声を。

しばしば私はこれらの出来事を心の中で思い返しては、私はジャック・レイトンの「新しい政治」という提案を理解することができたのだろうかと考える。しかし私は、新民主党と自由党で、庶民院の多数派を制するだけの議席をもっていないという結論にいたった。つまり連立は正統性と安定性を欠いているのである。今後数年たったいつの日にか政界が再編されて、中道の自由党員と左派の新民主党員が一緒になり、長く続いた保守党支配に代わる信頼のおける選択肢をカナダ国民に提示することはありうるだろう。しかしそれは二〇〇八年のあの時点ではなかった。手品のようにそれを帽子から取り出して、カナダ国民に売り込むことなどできなかったのだ。なんと言っても、国民が保守党の議席を増やし、オタワに帰らせた選挙からまだ数カ月しかたっていないのだ。だから私は連立を断った。そうすることがわが国の首相になる唯一のチャンスをつぶすことになるということは、私には分かっていなかった。

# 第七章　当事者適格性

二〇〇九年、カメラが回り、テレビのお笑い芸人リック・マーサーがトラックからマットレスを降ろして新しいベッド・ルームに運ぶ中、スザンナと私はストーノウェイに引っ越した。それは、オタワの並木のある郊外の、野党第一党党首のための公邸である。ボブ・レイが顔を見せて、握手してきた。そしてカメラの前で彼が車からテレビを降ろし、道路に置くと皆笑った。こんな風なお決まりの儀式を通じて、私たちは関係を修復し、少なくともライバル同士のチームであるというイメージを公衆に与えようとしていた。友情を取り戻すには私たちの間にはいろんなことがありすぎたのだが、彼はプロの政治家であり、私たちが同じチームでプレーしているように振る舞わなければならないということを分かっていた。

スザンナと私について言えば、これほど名高い家に住んだことはなかった。一九四〇年から四五年の間、この家にはナチの占領下にあった母国を逃れたオランダ女王が暮らしていた。書斎には少女時代の女王の写真が掛けてあり、春になると、亡命した王家に家を提供してくれたことへの感謝のしるしとしてオランダ政府からカナダに送られたチューリップが、オタワ中でいっせいに花を咲かせた。暖炉の上にはサー・ウィルフリッド・ローリエの素晴らしい水彩画がかけてあった。彼は自由党の首相であった人であり、ハンサムで、権力の絶頂にあった時には機略に富む指導者であった。今や彼が率いていた党の暫定党首である私としては、肖像画を見つめて、かつての指導者の眼が自分に注がれているのを感じないではいられなかった。ストーノウェイは、私が勝ちとった地位の重さを私たちふたりに十分に感じさせた。私たちは確かにこの重厚な古い家、とりわけ裏庭を見渡せる大きな網のついたポーチ、その下に暮らしているアライグマの一家の素晴らしさを満喫した。夏の夜には、アライグマが庭にさまよい出てきた。そして私たちを堂々と無視して自分たちのしたいことを始めるさまからは、彼らが私たちを侵入者と見なしているということが明らかであり、ある意味で確かにそうなのだ。わが国のようなデモクラシーでは、公職に伴う役得はつねに控え目なものであるべきだが、ストーノウェイの楽しみはアライグマも含めて、喜んで享受させてもらう。二年半私たちはそこで暮らしたが、その間いつもの道を通って家に帰ると、優しく親切なスタッフであるジョシュ・ドラチェ、ジェリー・ペティット、エクスピー・カストゥーラに迎えられるのは素晴らしいことだった。

議会では、私は角にある大きなオフィスに引っ越し——何年も前にその部屋では私の父がキング首相から指図を受けていた——、顧問たちと最初の会合を開いて戦略を練った。その時までに私は、キング首相の演説の一節を借用していた。彼は一九四四年の徴兵制度をめぐる百家争鳴を切り抜けようとして、「必要であれば徴兵制を採用するが、必ずしも徴兵制が必要なわけではない」と述べた。私に言わせれば、必要であれば連立を組むが、必ずしも連立が必要なわけではないのだ。元首相ジャン・クレティエンは私に会うためにストーノウェイで朝食にやって来て、連立にサインしてハーパーの政府を倒すべきだと強く主張した。連続して三回、多数派政府を組織することに成功した人物の言うことには注意深く耳を傾けねばならない。しかし、正統性の問題に彼がまったく関心をもっていないことに私は驚いた。カナダの公衆は手のひらを返すように、かつては敵対し合っていた党の間の連立を受け入れるだろうと考えているようだった。私ははっきりと反対した。連立が私たちに有用であるとしたら、それは慌てふためいている政府から最大限の利益を獲得する政治的道具としてでしかないと、その時までに私は確信していた。首相が提出した予算案に私たちが賛成票を投じるかどうか疑心暗鬼にさせておきながら、わが党が支持できる予算案を獲得するようにしたいのだ。一月、ハーパーは私を会談に招いて、予算案について意見を交換した。私がオフィスに顔を出すと、以前は高飛車だった党首がいまでは追いつめられ、自分の犯したミスに慌てふためき、今度の庶民院での選挙で勝てないかもしれないと心配している、そんな印象を受けた。彼がわが党の経済的提案を訊ねるので、これはわれわれの予算案ではなくあなたたちの予算案なのだ、それに盛り込まれているものについて責任をとるのはあなただ、と言ってやった。他の野党と連立を組む気はなかったが、それ以上に彼と組む気などなかった。私の望みは、財政保守派も社会進歩派も同じように歓迎してくれるような、カナダ国民の生活の真ん中にある、幅広い意見と背景を持つ人びとが集える政党としてのわが党の立場をしっかりと守りたいということだった。私たちの打った先手の効果が現れていた。二〇〇九年一月に政府がようやく予算を提出すると、カナダの歴史上最大規模の景気刺激策が盛り込まれていた。それは四〇〇億ドルにものぼり、道路や橋といった基盤投資、失業を食い止めるジョブ・シェアリング計画、そして失業した人びとに対する生活救援に支出されることになっていた。しかし予算案への賛成投票に同意する前に、わが党は、四半期毎に政府が議会に対して、景気刺激のための資金がどのように使われているかを詳らかにする報告をすべきだと主張した。私たちが恐れたのは、政府が基盤投資の資金を政治的に流用して、自分たちの選挙区のためにばらまくのではないかということであった。後になってある大臣が認めたように、政府の公正さを守らせるためにこの要件はいくらか役に立ったのだが、それを政府が呑んだので、わが党は予算に賛成の票を投じた。他の野党は反対に回った。連立の話は完全に終わったわけだ。私は、連立の話もそれなりの目的を果たせたのだということに疑いを抱いていない。敗北しそうになったからこそ、政府は超過支出に乗り出し、カナダ経済を不況から救うことができたのだ。

二〇〇九年二月にオバマ大統領が最初の外訪先としてオタワにやって来た。そのときには首都を二カ月にわたって飲み込んでいた連立危機はどうにか収まろうとしていた。私たちは空港のＶＩＰラウンジで三五分間会ったが、飛行場のエプロンに駐機しているエアフォース・ワンが窓越しに見え、レインコートを着てサングラスをかけたシークレット・サービスがいたる場所にいた。会うとすぐに彼は苦笑しながら言った。「ここではちょっとした危機が起きているそうだね」。それはかなり控え目な言い方だった。事態が違った方向に進んでいれば、首相として彼に会うのは私だったかもしれないのだ。就任したばかりの大統領は颯爽として、自信に溢れ、新しい権力の衣裳に驚くほど馴染んでいた。一九三〇年代以降最悪の経済危機を前任者から引き継いだという事実も、彼の重圧にはなっていないようだった。彼は受けた状況説明を良く理解しており、カンニングペーパーも必要なかったし、カナダの政治状況について透徹した知識をもっていた。彼は気さくであると同時に実務的というきわめて洗練された態度だった。私は北米のふたつの経済が国境を開き、保守主義的な圧力に屈しないようにする必要があると話した。すでにその圧力で、アメリカ下院ではバイ・アメリカ調達法〔二〇〇九年二月に成立した米国の景気対策法では公共事業などに米国製の鉄鋼製品の購入を義務付けるバイアメリカン条項が盛り込まれた〕を通過させようとしていたからだった。彼は熱心に耳を傾けてくれたと思う。

そのときの彼は絶好調であり、私たちもそうだった。わが党は国の世論をしっかりとつかんでおり、世論調査の数字では支持率が三〇％台の半ばから上にまで達した。つまり、次の選挙で政権につく可能性があるということである。わが党は国家の危機に際して政府の尻を叩いて正しいことを行なわせたと見られていた。冬も終わりになって、北米自動車産業財政援助のカナダ割当について議会で投票しなければならなくなった時、わが党はふたたび結束して政府を支持した。それは難しいことではなかった。なすべきことは、中央カナダのすべての街にある自動車チェーンをよく見て、主要製造業の雇用者を壊滅的な破産の嵐に陥らせるわけにはいかない、ということを理解することだけであった。

決定をすることは気分がいいし、正しい決定をすればさらに気分がいい。私はまったくなかったわけではないにしても、躊躇したり疑問を感じたりすることはほとんどなかった。そして自分の仕事が信じられないくらいやりがいがあるということ——全国政党を率い、膨大な数のスタッフを動かし、能力のある口うるさい上院議員と下院議員を取りまとめる——に気づいて、この仕事を大いに楽しんだ。政治の風が自分たちに吹いていると感じると、党本部は興奮に包まれた。党首事務所にいる私の若きチームが、わが党を二一世紀にも生き存えさせる絶好の機会を捕まえたのだ。政権に就いている間に、わが党は独りよがりになっていた。わが党の選挙組織はいつの間にか弱くなっていた。資金集めの組織はまだインターネット時代になったことに気づいていなかったが、保守党政府は与党である利点を貪欲に効果的なインターネットでの資金集めとダイレクトメールによる選挙運動に結びつけていた。私たちはそれに匹敵するものをもっていなかった。私たちに投票してくれるのが誰で、どこに住み、何を望んでいるかについて何も知らなかった。全国に何千人もいる党支持者についてさえほとんど何も知らなかったのだ。データがなかったので、データを手にするまでは五里霧中だったのだ。ワシントンに派遣した若い職員が、オバマの民主党が資金集めと選挙事務所を組織するのに使ったソフトウエアを持ち帰った。わが党の「データ屋」がようやく適切な道具を使って仕事をするようになったので、次の選挙を戦うために必要とされる、誰にも負けない情報データベースを構築することができると私たちは考えた。

首相はなんとか乗り切ったが、連立危機でダメージを受けていた。連立をクーデタとして描くことで世論を味方につける戦いには勝利した。しかし、傲慢な党派的策略に危機を利用しただけで、彼自身は経済危機の深刻さをまったく理解できなかったのではないかという、メディアと公衆が抱いた印象を払拭することができなかった。予算案と自動車産業財政援助策に賛成することによって、わが党は、経済が泥沼に落ちないようにするためには、彼に協力する用意があると示した。その結果、彼が方向性を変えて、党派的な態度をあからさまにとらないようになると思ったのである。私はある会合で首相に言った。議会でのわが党の協力を求めているならば、彼の側で吠え立てている連中を黙らせることだ、と。彼は冷たい目で私を見つめるだけで何も言わなかったが、今思い返してみると、彼が考えなければならなかったことが分かる。彼はやっと政権の崩壊を回避したばかりであり、彼の党の議員団は彼の判断力の欠如に身震いしているにちがいないので、今でも首相の席にあるということをすぐに示す必要があったのだ。彼は連中を黙らせる代わりに、野放しにした。五月の初旬、党首として承認されたバンクーバーの党大会から一〇日もたたないうちに、保守党は最初の攻撃宣伝を始めた。なかでも、カナダ史上最大の宣伝運動となったふたつのものを繰り返し流した。その宣伝文句は語り草になった。当時カナダにいた人なら、多分この文句を覚えているだろう。「マイケル・イグナティエフ、ただの訪問者」そして「マイケル・イグナティエフ、彼はあなたのために帰ってきたのではない」[1]。

二〇〇九年五月から二年後の選挙までの間、保守党はこうした広告を、最も視聴率の良い番組の放送時間を買い漁って流した。私はコマーシャルで自分の顔を見ることなしにオスカー賞受賞式を見ることができなかった。「ただの訪問者」だと言われることなしに、スーパーボールを見ることはできなかった。保守党の攻撃はカナダの選挙法の穴を利用したものであり、その穴は塞がれるべきものだった。連邦選挙が告示されるとすべての政党は、厳格な支出制限を受ける。しかし、選挙期間以外には制限はない。通常カナダ政府は選挙と選挙の間は統治に専念する。政府は野党指導者を攻撃する運動を行なわない。しかし選挙運動が延々と続く新しい政治では、統治することは運動することである。攻撃の影響はすぐに現れた。世論調査の支持率は下がり始めた。熱心な党支持者にはいつも話を聞いてもらえたが、党外となると奇妙な沈黙が訪れた。話すことはできたが誰も耳を傾けていなかった。私はただ訪れたというだけだった。

私たちと対立する党は攻撃政治の基本原則に従っていた。敵の強みを激しく攻撃する。そうすれば自分たちの弱みはおのずと解消されるだろう、というものである。私の場合には、カナダ人の注目を引いたのはまさしく私がアウトサイダーであるということであった。私はもっと広い世界に飛び込み、それなりの人間になって、国に尽くしたいという思いで母国に帰ってきた。保守党は帰国の物語を捉え、それを逆の方向にねじまげた。私は渡り鳥であり、確固たる信念をもたないエリート主義者であり、カナダ人のために政治の世界にいるのではなく、自分自身のためにいるのだ、と。攻撃宣伝が始まるまでに私が三年この国に住んでいて二回当選していたことは重要ではなかった。まるで重要ではなかったのだ。私がただの訪問者だと言うことは、私の忠誠心に大いに疑問を投げかけた。それには、政治は気晴らしにすぎないエリート主義のスノッブだという意味もあった。広告は痛烈な一行で、階級とシティズンシップを一緒にして攻撃していたのだ。

アメリカ合衆国流に言えば、私は「不公平な批判《スウィフト・ボート》」に晒されていたのである。二〇〇四年の合衆国大統領選挙で、何人かのヴェトナム帰還兵が民主党のジョン・ケリーの大統領候補指名に反対するきわめて痛烈な攻撃を行なった。それは、若き中尉としてヴェトナムのメコン川で任務にあたる高速哨戒艇《スウィフト・ボート》を指揮した軍歴に疑問を投げかけるものであった。(2) ケリーはその経験によって叙勲後帰国退役し、連邦議会で戦争行為に対する反対を訴えた。ハーバード時代に聞いたケリーの証言を私はよく覚えているが、それによって彼は反戦運動の英雄となり、マサチューセッツで政治家としてのキャリアを積むことになった。しかし多くの退役兵はそれを苦々しく、腹立たしく思っていた。二〇〇四年、そうした退役兵の何人かが、共和党支持の億万長者から資金援助を受けて、ケリーの立候補に対する不公平な批判に乗り出した。そしてこの攻撃が上手くいったので、「スウィフト・ボート」という言葉が、アメリカ政治辞典に動詞として掲載されたのである。ケリーが党大会に登場して、「指名受諾演説」――自分の従軍経験を大統領の適格性として主張するものであった――をした時には、彼の立候補者としての運命はすでに決まっていた。当時は私も、彼が批判に応えることができないのは不可解であると考えていた。批判に応えるのが不可能だったというわけではない。たとえば彼は、なぜ自分の軍歴が問題になったのかと問うことはできた――彼は実際にヴェトナムで戦闘に遭遇しているのだ。その当時、対立候補であるジョージ・W・ブッシュは、父親のコネを使って空軍州兵として楽な軍務をうまく手に入れ、テキサスに舞い戻っていたのだから。しかしケリーはけっして攻撃に答えなかった。こうした不公平な批判をする広告――私に対して放たれたのと同じ広告――を学生たちに見せた今では、それがなぜケリーを沈黙させることになったのかが理解できる。問題は、広告には一片の真実が含まれるということなのだ。その真実が、攻撃的な宣伝を非常に有害で、反駁しがたいものにしているのである。広告は彼の議会での証言を再現するものであり、そこで彼はアメリカ軍のジャングルでの行為、索敵殲滅作戦、民間人の殺戮、罪もない村々への放火を痛烈に批判している。もし彼が不公平な批判をする退役兵にやりかえしていれば、彼は、かつてそうであったような怒りをたぎらせる若者になって、かつて自分が述べたのと同じ怒りに満ちた反ヴェトナム戦争の論陣を張らなければならなかっただろう。彼はおそらくこう言わねばならなかったのだ。あの若者は私であるし、まだ心の中で彼は生きている。私は自分が語ったことを誇りに思っているし、今でもそう信じている。私に投票しないというなら、それはあなたの自由だ。しかし、ヴェトナムについて述べたことについて撤回するつもりはない、と。二〇〇八年春にライト牧師をめぐる論争〔オバマの師であるライトが九・一一事件をめぐって反米的発言をしたとされる問題〕によって、オバマの大統領選挙は頓挫しかけていたが、ケリーはヴェトナムをめぐるアメリカ人の記憶を、オバマがライト牧師をめぐる論争に関して行なったのと同じような分かりやすい瞬間に変えなければならなかったのだろう。(3) オバマはライト牧師と、かつて自分がその一員であった黒人教会の怒りを引き受けることに決め、公民権革命から数十年後に人種がアメリカにおいてこんなにも痛みをともない軋轢を生むのはなぜか、という問題に反転した。そうすることによって、彼は人種に関するアメリカ人の議論をリードする立場にたったのであり、さらに大統領になる適格性を獲得したのである。不公平な批判による攻撃によってケリーも同じように反転する機会があった――ヴェトナムに関する論争を取り仕切る権威となるために、自分の過去を引き受けるというように――そしてこの究極的な政治的スキルのテストで、彼はしくじったのだ。

私がケリーの場合を詳細に述べたのは、それよりも小さなカナダ政治の領域とはいえ、私に向けられた「ただの訪問者」攻撃は同じくらい難題だったからである。不公平な批判の広告と同じように、「ただの訪問者」にはたしかに信頼に足る真実が含まれている。私がそれまで三〇年間国を離れていたのは事実である。最もダメージが大きかったのは、その広告には、二〇〇四年に私がアメリカ人インタヴュアーに向かってカメラの前で語っているフィルムの一場面が含まれていたことである。そこで私は、いかなる状況にあっても拘束者を拷問にかけないためには、「私たち」はどのような国であるべきかと決めなければならない、と述べている。「私たち」という言葉を使ったのは、聞いている人びとを説得するために議論で一言余計に言い過ぎた場合におこる、ある種の言い間違いである。もちろん皮肉なことに、私はアメリカ人であったことはありえないし、アメリカ人であろうとしたこともない。だからこそ私は帰国したのだ。しかしそんなことはまったく問題ではない。私は自らの口で有罪宣告を下したのであり、それはすぐにチームの士気に影響した。議員団の同僚はそれがまったく不公平なものであることに同情してくれたが、プロの政治家である彼らが、私が致命的な一撃を食らわされたと考えているのが分かった。

攻撃に応えないままにしておく時間が長くなればなるほど、それから受けるダメージは大きくなる。そして応えることで攻撃にそれなりの「威厳を持たせること」を拒否しないかぎり、負けを認めたことになる。負けには威厳はない。自己弁護しなければ、人びとは訴えのとおり有罪だと結論づけるか、立ち上がって戦えない弱い奴だと結論づけるかのいずれかである。結局のところ、自分のために立ち上がろうとしない人間は、他の人びとのために立ち上がろうともしないのだ。このようにして、有権者の信用を失うのである。

私たちには、反撃広告キャンペーンを流す金はなかったし、どちらにしてもその広告で何と言えただろうか？　心から国を愛しています、だろうか？　攻撃広告によってひとは否定的側面を反駁せざるをえなくなり、対立する者と同じ土俵に立つことになるのだが、そこでは負けるに決まっているのである。彼らは私を問題にした以上、彼らを問題にしなければならないということは分かっていた。二〇〇九年の夏の間ずっと、私はスピーチで反撃に出た。誰が良きカナダ人かは首相が決めることになったのか？　海外にはほぼ三〇〇万人のカナダ市民が暮らしており、そのうちほぼ一〇〇万が合衆国にいる。彼らは母国にいるカナダに比べてカナダ人らしさに欠けるのか？　国を一度も出たことがない者だけが良きカナダ人だと、私たちは本当に信じているのか？　私は、自分が田舎臭くて偏狭な連中を相手にして、寛容でコスモポリタン的なシティズンシップの理念のために戦っているのだ、たんに自分のためだけに戦っているのではなく、次世代の人びとのために戦っているのだ、と信じていた。そうした若いカナダ人に何人も私は出会った。学生、選挙ボランティア、友人たちである。たとえば、ある驚嘆すべき午後のこと、スザンナと私はトロントのピアソン空港で飛行機を待っていたのだが、ほんの五分ほどの間に四組の若者が近づいてきて挨拶されたことがある。ひとりは農村の女性のためのマイクロ・クレジットで働くためにバングラディシュに出発するところだった。もうひとりはケニアの灌漑プロジェクトに向かう水技術者であった。三人目は熱帯雨林保護で働くためにブラジルに向かった。四人目はシンガポールに行って、証券会社で働く。これが私の愛するカナダであり、彼らがそのうち帰国して公職に就こうとして、私と同じように外国暮らしをしたからといって弁解しなければならないようにはなって欲しくないと思っているのである。私を攻撃することで、保守党は国外に出かけて帰国したすべての人びとを攻撃していることになるのである。そしてこれは私の母国で起こったことなのだ。やれやれ。

どれほど問題を私以外の人にまで広げようとしても、どうしようもなかった。私はいまだに「ただの訪問者」であった。メディアは私の話を聞こうとはしなかったし、わが党には広告キャンペーンに乗り出すだけの資金もなかったので、こつこつとヒアリングを重ねてゆこうとしていた。私たちはバスを改装してリベラル・エクスプレス号と名付けた。二〇一〇年の夏を通して、スザンナと私――それに少人数のチームが一緒に――はすべての州と準州にキャンペーンのために立ち寄った。私はあらゆる場所で話をした。演壇の前に豚が堂々と横たわっているような農場、ロブスター捕りの籠を干している海岸、葡萄が熟している葡萄畑、そしてコーヒー・ショップの駐車場。

私はそのどの瞬間も好きだった。政治家をやっていて最高なことは、母国の普通の生活に触れることである。ロブスター祭り、農産品会、スタントカー・レース、コーン収穫祭、ロデオ、裏庭でのバーベキュー、そしてシナゴーグ、寺院、モスク、教会での聖日。その夏のリベラル・エクスプレスでの旅で、私は綿菓子を配り、サモサを味見し、始球式で投げ、ハンバーガーをひっくり返して焼き、スタート・ピストルを打ち、パレードで馬に乗った。そして、誰もが夢中になり生活を分ち合っている場所で、人びとが一緒にいるのはどれほど素晴らしいことかを感じた。私は、共同生活において政治と政治家が占めるべき位置について多くことを学んだのだ。こうしたお祭りは、ほとんどの場合ボランティアと地元グループによって組織されているので、政治家は自分の位置を思い知らされることになるのである。人びとは私たちに参加してほしいと言った。それは私たちがコミュニティの代表だからである。しかし彼らはイベントを「政治的なもの」にして欲しくはなかった。私たちは「挨拶をする」ことはできたが、キャンペーン演説や党派的な攻撃はできなかった。このことから学んだのは、共同生活は政治よりもずっと深いものであり、党派的なとげとげしい断層線の下にあって、人間としての私たちの奥深いニードにつながっているということである。そのニードとは、他の人びとと一緒にいたい、共通の目的に関わることをしたい、ひとりで達成できる以上のことを他の人びとと一緒になって達成したい、というニードである。

私がその夏のツアーを気に入っているのは、とりわけピエール・トルドーが一九六八年に私に見せてくれたのと同じやり方で、この国を若いスタッフに見せることができたからである。東部のカナダ人の多くはブリティッシュ・コロンビアに出かけたことがなかった。リベラル・エクスプレスの窓越しに流れてゆく壮大な国土を目にした時にスタッフの顔に浮かぶ驚きを見ると、まるで私自身の若い時を見ているようだった。とりわけ私は、ブリティッシュ・コロンビアの鉄道沿いの小さな町イェールのことを覚えている。住民たち——全部で二五〇人——が、町をとり囲む山の頂がつくる長い影の下で、私の話に耳を傾けてくれた。ちょうど話が、一八七二年に私の曾祖父がどうやってイェールにやって来たか、鉄道がどれほどこの国の建設に役立ったか、国を再建することがどれほど必要かに及んだところ、鉱石を積んだ九〇両もの貨物を引っ張って、ディーゼル機関車が入って来た。機関士が鳴らす汽笛が山並みにこだまし、私の最後の言葉をかき消したが、ある意味でそれは完璧な話の終わり方でもあった。二〇一〇年カナダ大西洋沿岸に位置するケープ・ブレトン諸島のバデックの党員集会にリベラル・エクスプレスが乗り入れると、懐疑的であった党員でさえ、わが党の運を好転させるために私ができるだけのことをやったと認めざるをえなかった。人びとに私たちの主張を伝える機会があればいつでも、彼らは耳を傾けてくれたと言うことができるし、初めて、彼らは私を自分たちの仲間として見てくれたと感じたのだ。しかし、この国のすべてのテレビで流されている広告キャンペーンに対抗できるほど、多くの人びとに直接会うことはできなかった。夏の終わりまでには多くの友人ができたが、世論調査の結果を少しでも変えることはできなかった。首相には兜を脱がざるをえない。彼は私の発言を攻撃しなかった。彼はそもそも私が発言する権利を攻撃したのである。彼は、母国における私の市民としての当事者適格性を否定したのだ。

当事者適格性を決定するルールは詳細に検討する価値がある。というのは、当事者適格性は現代政治の主要な論争領域になっているからである。候補者のもつ理念や見解を攻撃することができないとしよう。そうであれば、彼が何者であるかを攻撃すればよいわけだ。

「当事者適格性」とは法律に由来する言葉であり、法廷に立つ権利を意味する。誰に適格性があるかを決めるのは判事である。判事は法廷をコントロールし、法と政治の境界を守るために適格性を統制する。(4) 日常生活で私たちはこの言葉を、個人的権威の諸形態に尊敬を払うために用いる。専門家《エキスパート》はその専門性ゆえに、また職業人《プロフェッショナル》はその訓練ゆえに、私たちに対して適格性をもっているのである。辛い時期を過ごした友人は、私たちに対する適格性を有している。私たちは彼らの言うことに耳を傾ける。誰かの適格性を認めることは、盲従を示すことではない。それは民主的な尊敬を示すことなのである。

政治の世界に入ると、最初の仕事は適格性、つまり自分の主張をする権威を確保し、確実に話を聞いてもらえるようにすることである。こうしたからといって選挙での当選を保障するものではない。相手候補のほうがもっと適格性をもっているかもしれないからである。しかし適格性なしでは当選するチャンスはない。理論的には、すべての市民が適格性をもつべきである。つまりすべての市民は平等であり、公職に立候補する権利が全員にあるからである。しかし適格性は権利ではない。それは一回毎に有権者から獲得する特権なのである。それは譲りわたすことのできない権威の形態なのだ。過去の地位、専門性、資格あるいは以前の成功のいずれも、適格性を権利として与えるものではない。私たちは、性格は善良だが、国政選挙で適格性を獲得できなかった人物を考えることができる。私たちはまた、ありうる例として言えば、ビル・クリントンのように性格的には疑問が残るが、有権者から適格性を獲得することに失敗したことがない、政治的人物を思い描くことができる。また適格性をもっていることと好かれることは同じではない。たとえばリチャード・ニクソンのような成功した政治家について考えることができる。彼はけっして人好きのする人間ではないが、それでも選挙民からしぶしぶではあるが適格性を獲得することができた。人気によって適格性が得られると思うかもしれない。しかし人気があっても政治的成功に結びつけられなかった有名人、ポップスター、バスケットボール選手、テレビ番組のホストが大勢いる。金で適格性を買えると考える人もいるが、合衆国では億万長者が何度も選挙に出て敗れている。最近の例では、ミッツ・ロムニーである。学位があっても適格性は得られない。教育での成功は人びとが現実に得られる優秀さの象徴だが、学位を有する人も自分の業績を適格性に変えることに苦労することがよくある。その理由は単純だ。教育は資格を示すものだが、有権者は特権を憎むのと同じように資格を憎むからである。教育を受けた人びとはこのことに決まって不満を言うが、間違っているのは彼らの方だ。適格性は獲得されなければならないのだが、学位は何ももたらさないからである。しかしながら、この尊敬に価する原理からパラドックスが生じる。教育、個性、好感、人気、学位あるいは多額の銀行預金がなくても当選することはあるのだが、適格性なしには当選はおぼつかない。こうしたルールを考えれば、私たちがこれほど多くの有能な政治家を選んできたことは、驚異である。

有力者や組織から支持を得ることが、かつては適格性を得ることであった。しかし以前ほど、支持は重要なことではない。組合はかつて支持する候補者を決めていたが、かつてほどには組合が強くなく、組合員は指導部からの政治的指図を受けて投票するよりも、自分の好みで投票することのほうがずっと多い。女性団体もかつては支持候補を決めていたが、女性有権者は誰に投票するかを自分で決めたいと思っている。政界にいる時、移民組織のさまざまな自薦の票ブローカーがやって来て、なんらかの依怙贔屓の見返りとして支持を約束したものだ。しかし私はいつも、彼らが人びとに対する影響力をもっているふりをしているだけで、実際には持っていないのではないかと内心疑っていた。環境グループと同様に、ニュース番組や編集部はすべて支持する候補を決めるが、支持されたからと言ってたいした適格性を得ることにはならないのである。

多くのデモクラシー政治体制、たとえばブラジルやメキシコでは、政党が適格性を与えている。正式の党の支持がなければ、当選は望めない。わが国のようなデモクラシー体制では政党に属さない独立系候補が立候補することができるが、ほとんどの候補者は有権者に耳を傾けてもらうのに苦労する。今でも政党は、誰が選挙に立候補するのかを選択する上で、優越的な役割を負っている。しかし、候補者に適格性を与える政党の能力は次第に低下しつつある。選挙での選択は家族、宗教、地域の紐帯によってしっかりと結ばれた政党への忠誠の表現ではなくなってきており、ずっと個人的好みの問題となっているのである。私は分かっているはずだった。わが党は私が活動するまでの二〇年間に徐々に党員が減っているということを。自分を党員であると考える人間の数の減少は、より個人的で移ろいやすい選挙民へという一般的な移行を物語っている。訴えかける選挙民の忠誠心が弱まるにつれて、政党は候補者に票を集める能力を失いつつある。集票マシーンは個人的《パーソナル》なものである。わが党のどの候補者も、自分のマシーンを作り上げなければならなかった。二〇〇八年と二〇一二年に票を集めたオバマの選挙組織は、彼の当選を目的として作られた彼個人のマシーンなので、二〇一六年の次期大統領候補者は自分のマシーンをゼロから作らなければならないだろう。(5)

私のような新顔の候補者は、党の候補者選考、権威者の支持、おそらくは印象的な履歴書といったものは、私たちに有権者に対する適格性を与えてはくれないことを瞬く間に会得する。もし適格性が与えられるものであると考えているのなら、きっと落選する。出かけて行って直に話し、一軒一軒訪ね歩き、電話をかけまくることによって獲得するものなのだ。

有権者が候補者に適格性を与えるかどうかを決める時には、政党だけでなく近所や家族にも意見を聞くが、コンピュータやテレビの前に座って独りで決断することのほうが多くなっている。この孤独は有権者に力を与えるどころか、力を奪っている。私に対して非常に効果的に用いられたような、大量の広告の影響、ネガティブな宣伝広告の影響が増しているのである。孤独な投票者はネガティブな広告の猛攻に独りで晒される。そしてそうした広告に反論する用意のある人が回りにいなければ、その衝撃が候補者に対する投票者の見方を決めるのである。保守党の猛攻への応答で、私たちを擁護してくれる調停者や制度、私たちの主張を有権者に訴えることを手助けしてくれる第三者を探したが、どこにも仲間になってくれる者はないことに気づいた。党自体にも、反攻に討って出るための党員組織や資金がなかった。組合、女性グループ、大学人のコメンテーターも、論争に加わろうとはせず、自分で弁護すべきだと断じた——きわめてもっともなことである。攻撃広告をデモクラシー政治それ自体に対する攻撃だと考えた人もいるにはいたが、わずかであった。

世論調査はネガティブ広告の効果を助長し、適格性を決定するのにますます大きな役割を果たしている。支持率が落ちていると世論調査が告げれば、言いたいことは言えるが、誰も耳を貸してはくれない。ネガティブな攻撃広告が効果を上げ、わが党が追いつめられていることが世論調査によって示される頃には、政治ジャーナリストの間では私は死刑宣告をされたということが当たり前のことになっていた。私はまだ、私が政治的には終わったという噂は言い過ぎだということを示そうと考えていたが、それは苦しい闘いだった。

この結果として有権者はどうなるだろうか？　適格性について彼らはどのように判断するのだろうか？　有権者の決定は広告会社や世論調査会社による操作に囚われていると結論づけるのは容易いことだろう。投票それ自体が、衝動買いのようなものに堕落したのだと考えるのは楽だ。確かに多数の政治ストラテジストがおり、彼らは広告を使って石鹸を買わせる操作をするのと同じように政治的選択も操作できる、そう政治家に信じ込ませようとしている。しかし政治的選択と消費者の選択のアナロジーは私には間違っているように思える。有権者は信用を売りつけようとしている多くの政治家やマーケティングの専門家よりも賢い、というだけではない。有権者は、スカートやパンツを買うことには与えない意味を、投票に与えているからだ。投票するということはある政治的共同体への帰属を表明すること、つまり何を信じているかを語り、国の方向の選択という集団的行為に参加することなのである。投票とは、利害を表明する手段というよりは、忠誠の象徴的表現なのである。ほとんどの有権者は、自分の一票は結果にほとんど違いをもたらさないということを知っている。しかしそれでも投票に出かけるのは、デモクラシーに参加することが重要だと信じているからなのである。(6)

二〇一二年の大統領選挙でアメリカの諸州で多くの人びとがなぜ長い時間列をつくって待ったのか？国民的議論の中で意見を聞いてほしい、ひとりとして数えてほしい、声を記録してほしいと思っていたからだと考えないかぎり、それを理解することはできない。実際には投票することをひとつの社会的行為と見なしていることが明らかな人びと、すなわち隣人や友人に対して自らの選択を正当化する義務感から投票した人もいる。しかし、彼らはきっと自分で石鹸やドレスを選択したことを正当化はしないが、ある候補者を選んだのはなぜかを正当化しなければならないと感じるのである。彼らはある種の正当化だけが有効だと知っている。ドレスを買う時には色が気に入ったからだと言う。しかし、誰かに投票したのはその候補者の顔が気に入ったからだと言ってすませるのはずっと難しい。有権者は選挙での選択について理由をあげなければならないし、この正当化の義務があるかないかが投票と衝動買いとを区別している。この理由をあげる義務が投票を合理的なものにしているとまで言いたいくらいだ(7)。

選挙での敗北を有権者のせいにする政治家が多すぎる。敗れた候補者は、なぜ有権者は自分を拒否したのか、なぜ自分のメッセージが有権者に届かなかったのか、その理由がまったく理解できないと言うだろう。私自身、選挙に敗れたので、有権者は合理的ではないと非難するのは簡単だということを認める。しかし、それは間違っている。有権者に非難を向けることは、自分の責任を回避する方法でしかないのである。

五年間に三回の選挙を戦って、私は有権者の選択の根拠を理解するようになった。彼らは自分の国が抱える問題は複雑であるということを知っており、簡単な解決法があったとしても、問題は今やさらに先を行っているということを知っている。彼らは、政治家の提出する解決策はけっして奇跡のような解決策ではないのではないかと疑っていて、さらにはともかくも、提出された奇跡のような解決策のうちどれが良いかを決定する時間も情報もないのではないかと思っている。言い換えれば、問題が未解決で難しすぎて決定できないと感じるような決定の領域から、自分の判断力に自信がもてる領域へと移行することは、有権者にとって合理的なことなのだ。認知心理学者ダニエル・カーネマンが明らかにしたように、認知的困難に直面したとき私たちは、答えることができない難問から直感的に簡単だと思える問題へと、易々と移行する。私たちは難問の代わりに簡単な問題を選ぶのである。誰もが、どの人間が信頼に価するかどうかを決定する能力については、それなりの自信をもっている。

そしてこれこそが選挙において働く基本的な評価なのである。[8] 政治においては争点よりは人物の方が重要であり、選挙は候補者がうまく適格性を確保する機会になるのだが、その合理的理由は、誰が傾聴に価するか、誰が信頼に価するかを決定することに有権者は長けているからである。誰を信頼すべきかを決定するために有権者は、候補者が自分たちに似ているかどうかという問題に焦点を当てる。ある市民が他の市民を代表すべきかどうかを決定する場合に、その市民が立てる問いは、その人物が自分たちの代表であるべきかどうかである。有権者は候補者に自分たちが何者であるかを認識してほしいし、候補者は、自分たちは彼らの一員であるということを示すことによって、そうするのである。さらに有権者は問う。たとえば「この人物は、自分で言っているとおりの人物か」と。候補者に対するネガティブな攻撃広告が自己紹介の矛盾をつくのはこの点であり、絶大な効果をあげる。有権者は必ずしも広告を信頼しているわけではないが、攻撃されているこの政治家は信頼できるかどうか、疑問を抱き始める。私の場合には、「ただの訪問者」広告によって、私が自分で言っているとおりの人間かどうか有権者は考えることになった。「彼はあなたのために帰国したのではない」という広告は、私の帰国の動機について疑問を投げかけた。政治家が、政治の世界にいるのは有権者のためであると確信を抱かせることができないならば、適格性を勝ちとることはできない。ある言葉を語っている人間が、その言葉を届けたいと思っている聴衆と共にいる人物であると、そう確信させることができなければ、どんなメッセージも聞き届けられることはないのである。

バラク・オバマは、最初の大統領選挙で攻撃に晒されたときに、どんな状況にあってもデモクラティックな政治家が言葉をいかにして届けるべきかを示した。二〇〇八年春のフィラデルフィアでの人種に関する演説は、実際には適格性についてのものであった——彼は黒人アメリカ人の代表となる権利を擁護したが、同時に、積極的格差是正措置《アファーマティヴ・アクション》の下で白人が経験したルサンチマンを理解できると主張した。その演説で、彼は合衆国で最初の黒人大統領になるために必要な共通の適格性を得たのである。大統領に就任してから彼が歩んだ苦難はまた、地位というものが適格性を保障するものではない、ということも示している。ひとたび大統領に就任すると、「陰謀論者たち《バサーズ》」が、彼は実際には合衆国生まれではないという根拠のない話で彼を追いまわしたあげく、ハワイでの出生証明を公にしなければならないようにしたのである。二〇一二年の選挙では、彼の対抗馬はオバマの本当のアメリカ人としての適格性をふたたび否定しようと躍起になった。しかし有権者は彼を圧倒的に支持し、そうすることによって、アメリカ政治の適格性のルールを永遠に変えたのである。人種は、大統領になる適格性の障害ではなくなり、次の選挙では、ジェンダーと性的志向はもはや問題になることはないだろう。マーティン・ルーサー・キングは、かつて、人がその特徴によってではなく、その性格によって判断されるような、遠い国について語った。アメリカとその演説からインスピレーションを得たデモクラシー国家は、キングが垣間見せてくれた場所に、少し近づいたのである。オバマが勝利を獲得したにもかかわらず、その国はまだ遠い。デモクラシーの社会は人種差別を非合法化したが、それにもかかわらず階級、教育、シティズンシップが適格性を否定するために、友人である市民を政治における敵対者に変えるために使われるようにする複雑なコードが存在する。適格性の闘いに関して言えることは、なによりも有権者こそが裁定者であるということである。適格性は与えられる資格《エンタイトルメント》ではなく獲得されるべき特権であるという頑固な直観にしたがえば、デモクラシーには希望がある。かつてエイブラハム・リンカーンが問うたように、「国民の正義その究極の審判に、あくまで信頼するという態度が、一体なぜないのでありましょうか。これ以上の希望、これと同等の希望が、この世界にあるものでしょうか」〔「第一次大統領就任演説」（一八六一年三月四日）『リンカーン演説集』（高木八束・斎藤光訳）、岩波文庫、一九五七年、一〇五頁〕。

同時に、政治がまるごと適格性の戦いに費やされているような場合には、懸念を抱いてももっともである。健全なデモクラシーでは、相手がリングに立つ権利、彼らのシティズンシップ、愛国心、動機や正直さに疑問を投げかけることはないだろう。疑問にすべきことは、彼らの能力、経験、ヴィジョン、綱領および理念である。私たちが耐え忍んでいる品位なき政治では、攻撃の目的は明らかに論争を避けること、理念の自由な応酬にともなうリスクを避けることである。ある人物の適格性を否定すれば、彼らが言うことに反論する必要がなくなる。人物としての評判を傷つけるだけでいいのだ。

もっと上手い方法がある。選挙期間以外に党の宣伝をすることを禁じることを提唱したい。選挙期間以外は可哀想な有権者には構わないで、立法府のホールで議論に専念することにしよう。悪質な嘘を罰するために、名誉毀損法が適用されるべきである。結局のところ、ネガティブな政治は誰にとっても利益にならない。危機に際して国を統一することが必要となった政治家は、対立する者を誹謗したことで、人びとを糾合し、活気づけるために必要とされる信頼を自分が裏切ったということに気づくだろう。汚い手を使って勝利しても、うまく統治できなくなる可能性があるのだ。選挙が適格性に関する国民投票《レファランダム》でしかなくなり、その結果が悪意に満ちた攻撃広告に左右されるようなデモクラシーを誰も望んでいない。もし適格性が政治における唯一の問題となるならば、社会が解決すべきどんな問題も選挙で決まることはなくなるだろう。選挙は、どのような国を求めるのかに関する国民投票ではなくなるだろう。私が戦った三つの選挙で、この国の将来について議論したものはなかった。どれもが適格性に関する悪意に満ちた戦いだった。政治の世界に五年半いたが、私に反対した者の中で、私が言っていること、私の政策綱領が掲げていること、私が国のためにしたいと考えていることに果敢に攻撃をしかけた者はいない。これは驚くべきことだ。彼らは、私を個人攻撃することにかまけすぎた。不満を言っているわけではないし、自分の信念のために戦ったことを悔いているわけでもない。しかし、敗者になったのはこの国の政治なのである。

# 第八章　敵と対抗者

私に反対する者たちは母国における私の適格性を否定したが、本当のことを言えば、私はいくつもの過ちを重ねていた。二〇〇九年一月、政府の予算案に投票したときに、わが党はとんでもない買い物をしてしまったと思いはじめていた。野党との連立を断ったわが党は、今や嫌々ながらも政府と連立関係にあった。これが、中道政党が野党でいるときに陥りがちなみじめな境遇である。二〇〇九年の九月、こうした境遇から抜け出そうとして、私は庶民院で不信任決議を出してハーパー政権を倒すという思慮を欠いた試みを承認した。二月まで政権を支持していたのに、九月になってから政権を倒そうとしたのだ。国は選挙をする空気ではなかった。そしてジャック・レイトンとジル・ジュセップに率いられた他の野党は、以前は政府に反対していたのに、今は喜んで支える側にまわり、その結果私はこれ以上にないほどきまり悪い思いすることになった。有権者は、ゲームをしたり態度を変えたりしているように見える政治家を罰する。私はそのどちらにも見え、その代償を払ったわけである。

この大失敗の後で、私は参謀であったイアン・デイヴィーを交代させ、またチームのほとんどを野党としての立場にもっと経験のある党専従に換えた。それは手際の悪い衛兵交代であった。そうしなければならないと強く思ったものの、後でほろ苦さが残った。私は自分が生き残るために、もともとの党首チームを犠牲にした。彼らはその過ちの代償を払ったわけだが、私のために犠牲になったのでもある。私は近衛兵を失い、とうとう私を守ってくれると自信をもって言える者はひとりもいなくなった。淋しかった。世論調査の数字は下がりつづけ、議員団は落ち込み、私も落ち込んだ。

戦略的誤り以上にもっと根深い問題もあった。政府の予算案に賛成投票をしてから、わが党は経済を争点として取り上げることを放棄していた。わが党の圧力がなければ政府は景気刺激策を取り入れなかった、と主張することもできた。一九九〇年代を通じてわが国の銀行システムと金融を救ったのは自由党政府の上手い舵取りによるものだ、と言うこともできた。しかし有権者は、彼らのために昨日あなたが行なったことなどめったに覚えていない。そして政府との路線の違いをはっきりさせることに私たちは苦労していた。わが党は周辺部分で政府と対立することはできた——実際、雇用保障プログラムのとるに足らない地域変数を争点にすることで対立していた——が、国全体で約九〇パーセントが雇用されている時に、残りの約一〇パーセントの人びとが仕事を探して苦労していることを、カナダ人はたいして気にしている様子はなかった。どこに行っても、特に注文の激減、解雇、ドルの高騰によって打撃をこうむった中央カナダの工業地帯では、景気後退の犠牲になった人びとに出会った。しかしカナダ人が好むのは、わが国はアメリカよりも景気が良いという話だ。もしそうであれば、政府は信用に価することになる。政府は信用を確実なものにしようとして、国のすべての建設現場に自分たちの経済行動プランの看板を立てた。有権者にそれを信じ込ませようとして現実を言い繕うことは、成功する政治家の才能である。ハーパー首相の技量について渋々認めざるをえなかったが、私は彼が世界を都合良く歪めて描くのを不信感をもって眺めていた。彼は不平等と不幸な出来事をエアーブラシで消し、国をすっかり幸福の幻想で包みこんだのである。別の言い方をすれば、ハーパー氏はこの国の問題をそのように描くことで、自分だけが唯一の解決策であるように見せたのである。

なぜわが党が解決策ではなかったのか？　わが党は大きな政府を支持する政党であり、新しい景気後退と緊縮財政の時代にあって独自の路線を見いだそうと苦闘していた。健全な財政運営を行なってきたという信任を得ているにもかかわらず、わが党の評価は相変わらず大規模な支出をするというものであった。このような見方では、家族にのしかかってくる経済的圧力と不確実性からの救済を求めている選挙民ともはや信頼関係を結びようもなかった。こうした底流にある問題を党のメッセージに盛り込むために、私はモントリオールで数百人の著名なカナダ人から成る賢人会議を開催した。さらに全国から数千人の人びとがオンライン・ウェブキャストを通して参加した。私たちは党の窓とドアを開け、思想家と作家たちを招き入れて、彼らがわが党についてどのように考えているかを正直に公開の場で話してもらったのである。(1)　彼らが口にしたことの多くは、聞いていて辛かった。わが党の最も優れた外交官であるロバート・ファウラーは、わが党は魂を失ってしまったと語った。私たちはもはや何のためにも戦っていない。政権の座にいた間に堕落してしまったのだ、と。私は彼に同意しなかったが、それを言ってくれたことには感謝した。党の文化を一新するには、他者の目を通して自分たちを見なければならないのだ。

　会議が開かれている間に、私たちは緊縮財政時における政府の本質的機能に関してもっと明確なヴィジョンを描くことに向けてなんとか歩みはじめていた。私はモントリオールの会議で、政府ができることがいくつもあり、政府がやってもよいことがいくつもあるが、政府がどうしてもやらなければならない核心的事柄はわずかしかない、と話した。それは人びとをシステム上のリスクと市場の失敗から守ることである。私は個人的リスクとシステム上のリスクとを区別した。良き社会においては、人びとは自分の生活リスク、収入のリスク、そして理念のリスクを負うのであり、それが上手くゆけば人びとにとって良いことである。そして上手くゆかなければ、政府ではなく人びとがその責任を負わねばならない。システム上のリスクはそれとは違うものである。それは、個人が背負い、穴埋めすることができる能力をはるかに超えたところでふりかかる害悪である。世界金融危機は何百万もの罪のない人びとの貯蓄、年金、仕事に壊滅的打撃を与えた。政府は、コントロールの効かなくなった世界市場システムに対する、社会の最後の防壁にならなければならない。市場のリスクを制御することによって、政府はリスクを引き受ける人びとがその結果に耐え、同胞の納税者《タックスペイヤー》と市民にそのコストを押し付けることがないようにしなければならないのである。政府の第二の本質的仕事は、セイフティ・ネットを確保することであり、その結果いかなる経済的嵐がやって来ようと足元はしっかりしているのだと感じるようにすることである。政府は個人の責任を引き受けるために存在すべきではないが、共同生活から恐怖――すなわち収入の不安定、貧困、所得の喪失、極貧の恐怖――を取り除くために存在すべきなのであるである。最後に、政府が存在するのは、すべての市民の機会の平等を求めて戦うためである。新しい時代の緊縮財政では、ひとりの人間をも無駄にする余裕などはないのだが、私たちは雇用を待つ列に並ぶ何十万もの人びとを無駄にしているのである。私たちは教育、職業訓練、経済を上向きにさせるインフラに投資する必要がある。また借り入れコストが低く、国の債務超過はコントロールできているのだから、放漫財政をしなくても投資することはできるのだ。経済的成功への鍵、とりわけ競争的グローバル経済の下での成功への鍵は、すべての国民のための機会への道を開くことにあるという考えに基づく、政府の積極的ヴィジョンである。私たちは翌年を、このメッセージを国民に届けるために使い、国中のタウンホールで良い反応を得たと思った。

古株のメディア関係者が、野党第一党の党首であることはまったく政治では報われない仕事で、まるで首相になるための際限のないオーディションを三人の気難しい審査員の前で受けているようなものだ、と話した。三人の審査員とは、メディア、同僚議員、そして公衆である。新聞に対して私は、率直であるように努め、人気とりになることを避け、オフレコの会見はやらず、後で痛い目にあうことになるような緊張感を欠いた話はしないようにした。ほとんどのメディアは私を公平に扱ってくれたが、イングランドのロンドンに住む前妻に夜中電話をかけたジャーナリストには優しい言葉をかける気にはなれない。そのジャーナリストは、彼女に私が悪い夫であり父親であったと言わせようとしたのだ。また、南フランスにある慎ましいわが家を調べるために派遣された覗き趣味《フェレット》の連中にもいい感じをもっていない。彼らは、甘やかされた国外居住者という彼らが作った物語にうってつけの、豪勢なシャトーを見つけることができないかと思っていたのである。合衆国特殊部隊《スペシャル・フォース》の一隊と一緒にヘリコプターの前で微笑んでいるように見せようとした修正写真を掲載した新聞は、心底軽蔑した。私がこうした出来事をここに記すのは、政党の攻撃政治に進んで手を貸した一部の新聞には、良心の呵責というものがまるで欠如しているということを、控え目に語っても何の得にもならないからだ。

私は四六時中私生活を詮索されることに我慢すること、たいていの場合、スザンナと子供たちにスポットライトが当たらないようにすることも学んだ。さらに学んだことは、自分が二重の世界で政治生活を送っているということである。ひとつは、概して礼儀正しく愛想のいい市民たちと接触する現実世界であり、もうひとつは、何でもありのインターネットの仮想世界である。けっして面と向かって私を侮辱しようとはしなかったであろう人びとが、抑制の効かないブログとツィートの世界では考えられるかぎりの誹謗中傷を行なうということに、何度も驚かされた。メディアに関しては、いつものように、彼らは自分自身のこと、インターネットに伝統的なビジネス・モデルの座を奪われるという脅威で頭がいっぱいであったが、野党に目を向ける時には、多かれ少なかれ私たちを公平に扱ってくれた。毎日の議員ミーティングの終わりに、顔先にマイクを突きつけてくる朝刊紙はプロとしての仕事を行ない、私の言葉を台無しにしたりプライヴェートのゴシップを書き立てたりしたことは思い出せない。しかし高慢なコラムニストと評論家に繰り返し侮蔑的なことを書かれると落ち込む。とくに私の場合には、自分自身が評論家だったわけで、安全な観客席からアリーナで戦っている戦士を物笑いの種にすることがいかに簡単であるか知っているからである。

公衆に考えを伝えようとして、私とチームは新聞をパスして、国中の大学キャンパス、コミュニティ・センター、高校の体育館での対話集会でマイクの前に立つという戦略を立てた。これはリスクの高い企画である。というのは、たとえば、縁なし帽をかぶって手に書類をもった奇妙な外見の男が、マイクに向かって何を言い出すか分からないからである。しかしこの戦略を高らかにはっきりと発表した以上、私は市民たちの言うことに耳を傾け、学ぶ気であった。その頃には、私はお定まりの演説はやめて、もっと危険なことをしたいと思うようになっていた。生身の聴衆から台本にない質問をほぼ毎週のように受けつけることは、この国を知るのに、国民が何を考えているかを知るのに、国民の心の躍動を感じるのに最善の方法である。こうした聴衆にマイクを解放する対話集会は偉大なデモクラシーのイベントであるが、それに参加するためには庶民院を離れなければならず、私が仕事場に姿を見せないという新民主党のご都合主義的な攻撃に道を開くことになった。しかし私はほとんど毎週のように行なわれる出会いには意味があると信じていたし、それが政治と市民の間の垣根を取り払うためには不可欠であると感じていた。

わが党の議会議員団について言えば、初めは議員たちの尊大なエゴを扱いかねた。彼らは皆政権の座からはずれたことに落胆し、私に話を聞いてもらおうとし、最新の噂や世論調査につねに右往左往し、かっとし易く、移り気で、ジャーナリストが通りかかればそれが誰であれ秘密を漏らしかねなかった。少しずつ、私は議員団には政治に関する実際的知識があることを理解するようになった。国のそれぞれの地域からやってきた男たち女たちがおり、彼らの大部分は私よりも経験があり、職業政治家の徳であるユーモアと運命論と、そのうち良いこともあるという希望を持っていた。私たちは毎週水曜日に議会の素晴らしく高い天井の鉄道委員会室で会した。そこには、一九一七年四月にヴィミーリッジの戦い〔北フランスの第一次大戦の激戦地〕から疲れ果てて帰還した英雄たちの巨大な壁画が描かれている。野党になると、泥まみれになった人物の気持ちがよく分かった。二時間にわたって、私たちは一緒に考え、マイクに向かって話す議員もいれば、新聞を読む者、携帯端末《ブラックベリー》をもてあそぶ者、ゴシップや冗談を他の人の耳に囁いたりする者もいた。どの政党の会議でもあるように、例によって無駄話もあったが、誰かが本題に入って重要なことを提案すると、全員が身を正した。初めのうちは水曜日の議員集会が怖かったが、最後には庶民院議員と上院議員の話しを大いに頼りにするようになった。選挙区で人びとが話していること、ロビーで他党の議員から小耳にはさんだこと、ジャーナリストたちが囁いていることを彼らは知っていた。議員団の内部情報を漏らすような嫌な連中はわずかしかいなかった――誰がそうなのかはとうとう分からなかった――し、処罰すると脅かしても彼らをあぶり出すことはできなかった。おおむね私は議員団に好感を抱き、けっして反抗や反乱に出会うはめにはならなかった。その頃には、どれほど彼らが必要であるかが分かっていたのだ。水曜日の会合の終わりに立ち上がって議論をまとめなければならなくなると、私はたいていどの指導者であっても自分が率いるグループに語らねばならないことを言った――団結しなければならない、さもないと皆ばらばらになって首をくくることになる、と。

私たちが団結していたのは、対立している政府への怒りの感情を共有していたからだ。ある機知に富んだ議員が言ったように、政府は暴走族にも劣るような真似をしたのだ。攻撃こそが最大の防御であるという、疑いなく正しい仮定に基づいて、ハーパー氏は野党を攻撃しつづけることによって、そして党利党略のためにあらゆる手段を使って、庶民院を押さえつけたのだ。

わが党は、カナダの最高額の調達決定であるF35戦闘機の購入コストの本当の見積もりを明かすよう繰り返し求めた。わが党議員団の鑑定人《クリティクス》であるマルク・ガルノーとドミニク・ルブランがコスト超過に関するアメリカ議会報告を見つけ出して、何度も、戦闘機一機がいくらするのかをカナダ国民に政府が説明するよう求めた。正直な答えはけっしてなかった。そして答えることができなかったことで、政府は戦闘機がわが国にとって賢明な買い物ではなかったことを証明したのである。もうひとりの鑑定人であるマーク・ホランドは、政府に、なぜ二〇一〇年トロント・サミットでのG8とG20の警備費用が一〇億ドル以上かかったのかを説明させた。このサミットで、世界の指導者が景気刺激策に乗り出したのに対して、ハーパー氏は新しい緊縮財政の政治を受け入れるよう西側の公衆に呼びかけたのは皮肉なことだった。またこのサミットでは、彼の率いる政府は途方もない額の公金を無駄使いしただけでなく、抗議の声を上げるカナダ国民の基本的な市民的自由を侵害するという罪を犯したのである。わが党は納税者の何百万ドルもの金がG20に無駄に使われたことを明らかにした。そのいくらかは、サミットからかなり離れたところにある保守党議員の選挙区にばらまかれたのであり、とても正当化されるものではなかった。別の鑑定人であるジェラルド・ケネディは、わが党が賛成した景気刺激のための予算が保守党選挙区にどのように注ぎ込まれているかを暴露したが、これもまたまったく党派的目的のために使われたのであった。言い換えれば、わが党は野党としての仕事をしたのだが、政府の応答は答えを引き延ばし、否定し、頬かむりすることだけだった。首相と政府が議会に対して、支出に関する決定的に重要な情報を隠したら、デモクラシーは機能しない。結果的に庶民院議長は、G20支出関連の書類を提出しなかった議会侮辱行為が政府にあったと認定した(2)。保守党に侮辱行為があったという言及は、カナダの議会制政府の歴史において前例のないことである。

わが党は、カナダ軍によって拘束された者のアフガニスタン治安情報機関への移送に関連する情報を開示するよう政府に働きかける、同じような闘争をしていた。我らがアフガニスタンの協力機関は囚人を拷問することで有名であった。拘束者が拷問に掛けられることを知りながら移送するのは、ジュネーヴ協定違反である。何カ月も、ウジアル・ドサンジ、ボブ・レイと私は、わが国の兵士の名誉と拘束者の安全のためにも、拘束者移送合意を実施するように政府に圧力を加えた。政府は安全保障を理由に疑わしい議論をでっち上げ、必要とされる文書への一切のアクセスを拒んだ。この争点についても議長のピーター・ミルケンは、結果的にわが党に有利な裁定を下し、政府に侮辱行為があったことを認めて、議会の特別委員会に然るべき文書を提出するように命じたのであった。

議会に対する侮辱とデモクラシーに対する侮辱は、選挙区を超えた愛国的怒りを巻き起こした、そう考えるだろう。それは間違いである。私は、わが国のデモクラシーが危険な状態にあること、政府がむかつくような党利党略に走っていることを問題にしようとした。しかし、ほとんどのカナダ人は無視した。ほとんどの有権者は議会制についてあまり知識がないので、デモクラシーへの侮辱を申し立てられても我慢し、改革の提案にはほぼまったく無関心であるということを学んだ。このことを政府は私たちよりもよく知っており、恥も外聞もなく公衆の議会に対するシニシズムにつけ入って、私たちの告発を単なる党派的な論争であるかのように退けたのである。

しかしながら私が議会にいたときに、公衆と庶民院との間に断絶があったというだけで話は終わりではなく、庶民院を国民の議会としての本来の姿に戻したいという切なる思いもあるということを示唆する一瞬があった。それは議会で、カナダの寄宿学校に強制的に入れられた先住民の犠牲者に対して、政府が厳粛な謝罪を行なったときのことである。この学校は一九世紀後半にインディアンの子供を同化するために設置されたものだが、契約に基づいてカトリックおよびプロテスタント教会によって運営された。そして恥ずべきことに、子供たちは性的・身体的虐待、暴行を受け、その経験から一生残る傷を負ったのである。学校は一九八〇年代にはすべて閉鎖されたが、先住民のコミュニティを訪れるたびに、その後もずっとトラウマとなった記憶が重くのしかかっていると感じた。スザンナと私がフレイザー川の河畔にあるブリティッシュ・コロンビア州のインディアン・コミュニティであるストロ・ネイションを訪れたとき、ひとりの年長者が口ごもりながらも、寄宿学校での彼女の経験について教えてくれた。そして悲しく肩をすくめて、こう締めくくった。「教育のために子供を送り出せとどうしてあなた方は言えるのですか」。わが党の政権も含めて代々の政府がこの遺産を清算しようとしてきた。寄宿学校の賠償請求のために財政的支出をひねり出し、二〇〇八年七月に庶民院で謝罪の式典を開いたのは、首相の功績である。先住民族の代表が庶民院の中央通路の脇に座り、観覧席は全国の先住民コミュニティから来た人びとで埋まった。彼らの多くは部族の儀式用の服を着ていた。議会では首相と先住民の指導者が厳かなスピーチを行なったが、私はあまりよく覚えていない。それよりも今でも生き生きと記憶に甦るのは、観覧席の人びとが身を乗り出し、共感と感動をもってその機会をじっと見つめていたことである。その後、式典が閉幕してから、議会前の芝生に溢れ出した先住民の家族と話をした。芝生の上に輪になって座り、議会での出来事が彼らにとってもつ意義、承認と新たな始まりの約束について彼らが語る言葉に耳を傾けた。私たちが真剣な想いでその機会をもったことは感動的であり――痛切なものでさえあった。なぜなら、先住民カナダ人はわが国における政治的メンバーシップについて心の底から相反する感情をもっていたからである。彼らは一九六〇年まで連邦選挙での投票権を与えられていなかった。そして今日まで、彼らは国政選挙よりも部族選挙に投票することがずっと多かったのだ。しかしここに大勢の人びとが集い、彼らが被った歴史的苦難を認めてほしいという思いが議会に聞き届けられたのである。議会で働く私たちは党派的な争いに慣れきっていたので、カナダ人が私たちの議会は何のために存在するのかを思い出させてくれたのは驚くべきことであった。その謝罪の日の最後のアイロニーは、十分に記憶されるべき価値がある。二〇〇八年の六月の一日に新しい始まりの約束がされて以来、ほとんど何も重要なことは起こらなかった。先住民カナダ人――そして一般にカナダ人――は政治家たちがあの瞬間にした約束に恥じぬ行ないをするのをいまだに待っているのである。

私たちが一緒になって思い出し、もう一度取り組もうとしたこの一瞬を別にすれば、大きな溝が市民と政治家の間にはある。この溝は、政党政治《パーティザンシップ》をめぐるものである。政治家の目からすれば、政党政治こそ政治の本質である。チームに加わり、リーダーを選び、政策綱領を発表し、対立する政党と戦うために前進する。政党政治とは党を優先し、個人的判断を二の次にするものである。忠誠心は政党政治の道徳的核であり、その価値は他のすべての価値に優先する。(3) 一度政党に加われば、政治的位置取りに関する溢れるほどの情報に接することになる。対立する政党に公然と反旗を翻し、彼らとは付き合わず、彼らを自分とは何につけても反対の存在だと規定する。政党政治はそうした世界が普通であると定義する。前に述べたように、政界にいた間に別の政党には友だちはいなかった。政府側の席《ベンチ》に座っている人間とは、食事したり、酒を飲んだり、話したりはけっしてしなかった。たとえば、議会のジムにあるウォーキングマシーンで歩きながら、対立する政党の誰かと話しているのを見られたら、政党を鞍替えすることを考えているという噂が回ることになるだろう。思い返してみると、これは狂っている。議会の少数派である自由党員と新民主党員とが仲良くしていれば、連立は暗闇への跳躍などではなかったかもしれないが、その当時は対立する連中と仲良くするのは居心地が悪かった。古株が教えてくれたのだが、以前ならば、議会が遅くなった時には、対立する政党のメンバーが食事をしたり飲んだりしたものだし、このような懇親会の慣行は議会の中での礼儀作法をしっかりしたものにしたのだ。今日では、政党政治はかつての乱闘のようなつばぜり合いからさらに悪くなって、本当に悪意のある人格抹殺のようなことになってしまった。政治家の目から見れば、政党政治は政治の行き過ぎでも無秩序でもない。「差異化すること」が政治という仕事《ビジネス》の本質である。人びとが選択するのであり、その選択を明確に、必要とあれば厳しい言葉で表現することが、政治家の仕事である。選択を劇的なものにすること、白黒をはっきりさせるかたちで示すことは、ぼんやりした灰色の状態から有権者を目覚めさせようとするならば、必要不可欠なことなのである。政治家が政党人であることをやめれば、自分のチームの理念に固執することをやめ、自分の主張を自由に主張するようになれば、その人は政治家ではなく、ただの愚か者なのである。

しかしながら外部から見ると、政党政治は公衆のための政治にとって有害なものでしかない。敵意のこもった応酬も、公衆と公衆の利害にはなんの関係もない。多くの有権者にとって、党派政治はもっぱら政治的階級の利益のためだけに繰り広げられる偽善的なショーにしか見えない。テープカットや式典などの公的イベントで、われわれ政治家たちが同僚議員を鼻もちならない言葉で紹介して、集まりを自己賛美のための荘厳ミサに見事に変えてしまうことは注目に価する。記念銘板のベールが外されたり、礎石が据えられたりするとわれわれ政治家は写真に収まろうと肘で押し合い、なんとか写真が地方紙に載るようにするのである。こうした残念な話を聞くと、有権者は頭を振ってこう言うのだ。「政治家は自分のことしか考えていない」。

有権者は、政党政治は不誠実であるから嫌いだと言う。彼らは政治家の発言を信じることができないのだが、それは政治家自身が自分の発言を信じていないように見えるからだ。確かに、この点について有権者は間違っていない。政党政治は正直よりも忠誠を優先するのであり、自分が信じていることに固執する代わりに党のお題目《マントラ》を繰り返すのである。これまで存在したどの政治家も、いくらかはインチキをしなければならなかった。政治という職業の本質は権力に対して真実を語ることだと信じる人びとにとって、偽善は道徳的に許されざるものである。しかし、しばしばそれも必要なことがあるのだ。ドイツの社会学者マックス・ウェーバーは一九一九年に、政治に関してなされた講義の中でも最高のものである「職業としての政治」を講演した。彼は忠誠よりも真実を選んだ人びとは「究極的目的倫理」〔an ethics of ultimate ends. 通常は「心情倫理」と訳される〕を実践しているのだと語った(4)。つねにそのような倫理を羅針盤としている人びともいるだろうが、彼らの政治におけるキャリアは短いものになるだろう。目的倫理に、ウェーバーは「責任倫理」を対置する。それは義務に焦点を当てるものである。つまり、誰に対して自分は責任を負っているのか？ その答えが有権者だとすれば、有権者の利害よりも自分の良心により高い価値を置く場合には、彼らに対して何も為しえないことになる。

私が会った多くの有権者、とりわけ若い有権者は、政治家は目的倫理に誠を尽くすべきであると信じていた。私は、自分自身の良心も重要だが、権力を得ようとするならば党の結束はもっと重要であると考えるようになった。権力なしには、私たちは何も為しえないだろう。しかし、権力の要求には明確な制限がある。本当の真実とは何たるかを忘れることは許されないのであり、忘れてしまったとたんに、偽物の政治家になる危険があるのだ。ほとんどの政治家は、そうなると分かっていながらわざと偽物政治家になることはない。できるかぎり本当の自分を手離さないようにするのだが、妥協の政治に迫られて本当の自分をそのまま維持することなどできはしない。たとえばスタッフと私は始終、対立する側からの敵対的な攻撃に応酬して、「栄光ある道」をとるべきか「汚辱にまみれた道」をとるべきかについて議論した。本当のことを言えば、ときには対立する者に対する中傷に手を染めたこともあった。言うまでもないが、それをやったときには、相手と同じように私たちの顔も泥にまみれたのだ。

それでもやはり、しばしば政治家に対してなされるシニカルな批判が言うように、政治家というものは常に原理よりも便宜を優先するというのは、まったく真実ではない。私は一党の党首として、たとえ選挙で不利になるとしても自分が正しいと考える立場をとった。アスベストの輸出に反対したのは正しかった。たとえこの立場をとったことでケベック州のアスベストス〔ケベック州南部の町、石綿の産地〕のようなそれを採掘する町の議席を失うとしても、アスベストの使用が野放しにされると致命的な影響を及ぼすからである。規制を廃止しようとする保守党に反対して銃器規制を擁護したことは正しかった。しかしその結果、北部や僻地にある自治体での議席を失うことになった。良き友人であるユーコン準州選出の議員ラリー・バグネルを銃器規制に賛成するように説得したが、投票するために議場で立ち上がった彼は目に涙をためていた。その投票をすることによって議席を失うことになるかもしれないということを十分に知っていたのだ。そして結局、その通りになった。わが党が必要的最低限の実刑判決〔有罪決定を受けた被告人に対して、法令により裁判官が拘禁施設への現実的収容を必ず宣告しなければならない場合の刑の言い渡し。通常、刑の宣告猶予、執行猶予、保護観察付釈放を禁止するというかたちで規定される。田中英夫編『英米法辞典』(東京大学出版会、一九九一年)五三九頁を参照〕と刑務所を増やすことを求める投票を拒んだのは正しかった。犯罪問題についてはわが党は、恐怖の政治に先行して証拠の政治を選んだのである。しかしその結果、票を失った。だから政党政治が政治の本質であるとしても、必ずしも党利党略が勝るわけではない。逆にそうであるならば、わが党はもっと成功していたことだろう。

何事かを成し遂げたいのであれば、道徳的純粋さに逃げ込むことはできないということを学んだ。しかし同じように、あらゆる原理を犠牲にしてしまえば、そもそも政治の世界に入った理由を失ってしまうということも学んだのである。これは政治生活の本質的ジレンマであるが、それこそが政治をエキサイティングなものにしているのだ。危険な道を進まないかぎり何事も為しえない。ときには、政治生活に必要な妥協に対する有権者（特に若き有権者）の苛立ちはいささか安易であり、政治家に対する彼らの嫌悪感は、自分たちが立ち上がって政治に参加していないことを正当化するための言い訳ではないか、と感じることもあった。

有権者がしばしば理解することができない政治生活のさらなるジレンマは、権力を勝ちとりたいと実際に思っている政治家は、同時にふたつの道に直面せざるをえないことである。地歩を固めるためには党の一員でなければならない。犬には餌が必要なのだ。同時に、政治家は党の囲いを越えて、自分たちのためにではなく、自分たちに向かって語りかけられることを願っている浮動層に訴えかけねばならない。良き政治家というものは戦いの最中にいると同時にそれを超えたところにいなければならない。昔の偉大なスコットランド人政治家は、それをこんな風に言った。「同時に二頭の血まみれの馬を御すことができぬ者には、血まみれのサーカスで仕事を得る資格はない(5)」と。

政党政治がサーカスの曲芸《トリック》——同時に二頭の血まみれの馬を御すこと——にすぎないとすれば、口にできる最悪の悪口は、政党政治とは酷い見せ物であるということである。しかし、それをめぐる有権者の側の問題はもっと根深い。政党政治はすでに分断された社会を分断し、対抗者を敵に変える。対抗者は打ち負かされなければならないのだが、敵は破壊されなければならないのだ。敵には妥協することはできない。対抗者とは妥協が可能である。今日、対抗している者は明日の仲間になりうる。

政界にいたとき、私は女王陛下に忠義を尽くす野党に属していた。その名に価するいかなるデモクラシー国家においても、「忠義を尽くす《ロイヤル》」という言葉が野党の正統な機能を規定している。政府は、彼らに対抗する者の忠義を問題にすべきではないのだが、私が対峙した政府はそれをずっと行なっていた。政府はわが党を対抗者としてではなく敵として扱ったのだ。デモクラシーは説得に基づいている。それは今日対抗する者に勝つことができるかもしれないが、明日には仲間になっているかもしれないという考えに基づいている。今日の政治では説得は死語である。議会制デモクラシーでも共和主義に基づく立法府でも、投票はあらかじめ決まっており、説得、議会の通路の向こう側に訴えかけようとする試みによっては何ひとつも変わりはしない。党規律は説得する必要をなくし、それゆえ礼儀正しくしようとする気もなくなる。デモクラシーの討論に説得がなくなったら、意見のやりとりは的外れな悪意のやりとりになる。それでなくても、空席の目立つ議場でふたりの政治家が互いに罵りあっている光景ほど、デモクラシーに対する市民の評価を貶めるものはない。しかし世界中の立法府でこれはありふれた光景なのだ。立法府の力が衰え、行政府と官僚が力をもつにつれて、デモクラシー国家の議場の中での討論は不愉快で意味のないものになる。デモクラシー国家の人びとが、この二重の現象——立法を旨とするデモクラシーの衰退と政党政治の跋扈——を憂慮するのももっともである。なぜならそれらは一体となってデモクラシーのきわめて重要な役割、対抗者を敵にしないようにするという役割を弱めるからである。

これを正す方法は礼儀《シヴィリティ》なのだが、礼儀は慇懃《ポライトネス》さとは違う。対立する者の誠意は自分の誠意と同等であるように、彼の忠誠は自分の忠誠と同等であると承認することが礼儀である。この承認は対抗的競争を排除するものではなく、一、二発殴ることさえ許されるのだが、それはデモクラシーとは、正しく言えば、対抗者《アドヴァーサリーズ》の政治であるという共通理解に基づいている。これに反して、私たちの政治はますます敵対する者《エネミーズ》の政治になってきている。このように政治というゲームを曲解すれば、政治は戦争そのものをモデルとすることになる。その目的は対抗者を打ち負かすことではなく、対抗する者の適格性を否定することによって破壊することである。私たちは筋骨隆々の男たちが、まるで戦争が導くことができるかのように政治について語ることには、十分注意する必要がある。カール・フォン・クラウゼヴィッツが言ったように、戦争とは他の手段を用いた政治の継続のことであるが、政治は戦争の継続などではない。(6) 政治は、戦争とは別のものなのだ。私たちは政治について気にかけ、それを擁護し、その活力を維持しようとするのだが、その目的は最悪の事態にならないようにするためなのである。

私たちと対立する保守党にはほとんどオリジナリティはないが、その凶暴性はすべて野党時代の一三年間の不満から生まれたものである。彼らはそのネガティブな攻撃の手本をすべて、その背景にある精神世界と一緒に、アメリカの友党である共和党から借りている。政治とは戦争であり、対立する者は敵である。戦争というメタファーは油断ならない効果を与える。それは「皆殺し《テーク・ノー・プリズナー》」アプローチを正当化するのである。政治を戦争として語ることによって、ネガティブ広告の黒魔術がお手本として正当化される。ネガティブ広告は確かに有効であるが、それは普通の人びとを政治から切り離し、国民と政治的階級との間の溝を深め、政治的指導者が人びとを糾合し、士気を高め、動機を与えることをずっと困難にするのである。ネガティブ広告は政治という井戸に毒を撒くことであり、善き統治を支える統治する者と統治される者との信頼関係を台無しにするのである。

打ち負かされるべき対抗者を破壊されるべき敵対者に変えることはまた、妥協と取引き――ほとんどのデモクラシー国の議会で行なわれているささやかな談合――を裏切りあるいは欺瞞にしてしまう。ひとつの妥協が裏切りとされてしまうと、デモクラシー・システムは機能しなくなる。(7) 真の政治家には、永遠の敵を作ることなどできないのだ。デモクラシーが要求する仕事をしようとすれば、対抗者を仲間に引き入れる必要もあるのである。

もちろん妥協には限界があるし、政治的指導者は名誉ある妥協と不名誉な妥協を区別するかすかな一線がどこにあるのかを知らねばならない(8)。政治家は、取引のためにすべての原理原則を売り払うことができるわけではないということを肝に銘じる必要がある。いくつかの点で、対抗者が決定的に重要な利益を脅かすような要求をするだろう。いくつかの点で対抗者がゲームのルールそれ自体を尊重しているのか疑わしくなるような行動をとることがあるだろう。その時点で、妥協は無原則な宥和になるのである。

二〇一一年の初めには、保守党政府の新しい予算がぼんやりと見え始め、政府の政権維持を支持する投票は不可能になることが明らかになりつつあった。二度にわたって議長は政府が議会侮辱を行なったと認定した。これはわが国の歴史では前例のないことである。態度を一変させて政府の次の予算案を通過させれば、宥和策を取ったことになるだろう。それがわが党にとって好機かどうかは別にしても、選挙を迎えることになるだろう。

二〇一一年三月に選挙がとうとう告示されたとき、心の奥深く、政治家であれば誰もが持っているにちがいないあの静寂のなかで、覚悟はできていると思った。私の見習い期間は終わった。私の信条を示す時がきたのだ。三五日間の選挙運動はわが政治生活における最良の日々であったと言える。私たちは飛行機を借りて、地上チームと機上チームに分かれた。そしてわが党の選挙マシーンは効率的に働いたように思う――おそらく信頼できるチームに後方支援を任せたからだろう。私には心の底から信じる政策綱領があった。それはすべての市民のための機会の平等に焦点を当てたものである。私たちは、居留地にいるクリー族の少年が現実にコミュニティ・カレッジを卒業することができるようにしようとした。また、病院の廊下で六週間待っている女性が医者に診てもらえるように保証しようとした。また、すべての労働者の家族が子供に大学教育を受けさせることができるようにしようとした。アルツハイマーの重荷に押しつぶされている家族に自宅介護を用意したいと考えた。法人税優遇措置を中止することによって、約束を実現するための財源を得ようとした。また、ストックオプションをもつ高額所得者への税優遇措置にも手をつけようとした。どのようにして稼いだものであっても、収入には収入として課税されるべきであり、しかも高額所得者は六億五〇〇〇万ドルもの優遇を受けていたのだ。それは成功を罰するものではなく、公正さをめぐるものだった。わが党は、オタワ体育館で熱狂する群衆を前にして政策綱領を発表し、それはライブのインターネットで国中に配信された。選挙運動が始まって数週間で、私たちは舞い上がっていた。私の政治生活で初めて、自分のメッセージ、部隊、運命を完全に統御できていると感じたのである。選挙運動中の写真は若きフォトグラファー、ジュルジ・アレキサンダーが撮ったのだが、それを今見るとどの写真でも私は笑っている。選挙用の飛行機のタラップの上から手を振り、握手をするために人で一杯のホールに飛び込み、手にマイクを握ってステージを大股で行ったり来たりしながら、私の顔は群衆の反応に意気揚々としている。写真からは、結果がどうなったか想像もできないだろう。

毎日が大集会で終わり、集会はいつも控え室でのウォーミングアップで始まった。私は部屋をゆっくり歩きながら血行を良くし、戦士のように前後に跳ねた。そんなことを期待されていたわけではないということは分かっているが、そのときには、政治がきわめて身体的なものであり、血流をみなぎらせること、ペースを早めること、ホールに何らかのエネルギーを生み出すことが非常に重要であることが分かっていた。舞台裏から物音がするのを聞きながら、私はスザンナとふたりで、最後に水をがぶ飲みして、溢れてくるアドレナリンを感じようとした。そして音楽が始まり、私たちが「愛のトンネル」〔ブルース・スプリングスティーンの歌〕の流れる中を登場し、私の前を先導チームが身をかがめて進むと聴衆が二つに分かれ、カメラがこちらを向く中をステージに上がる階段に導く。そこまで私は大股で歩いていって手を振り、手にマイクを取る。私の前には何百人もの、ときには何千人もの笑顔の人びとがいた。いつも子供を肩に乗せている若いカップルに気づいたが、それは子供が聴衆の波の上を漂っているように見えたからだ。

ステージの下には介助者に付き添われた車椅子の人がいた。その間で、よく見えるように頭を上げていたのはボランティア、戸別訪問運動員、電話運動員などで、彼らがいなくては党が機能しなくなる草の根運動員である。退職した女性、ウィンドブレーカーを羽織った年配者、地元の大学生、ある会場ではシーク教徒のタクシー運転手、他の場所ではヒンズー教徒のトラック運転手、中国人やフィリピン人のホテル従業員。私はそれを見て、ときには言ったものだ。回りを見てください。この聴衆を見て。そして力を感じてください。この国がこの部屋に詰まっているのです。それは、ナイツ・オブ・コロンバスのホールだったり、ヴェテランズ・ホールだったり、コンチネンタル・ラウンジ、ポーランド・クラブ、カーサ・イタリア、ハリーズ・パブであったりした。他の日には、高校の体育館や、後ろで白いシャツにボウ・タイのウェイターが聞いている低い天井のホテルの舞踏室《ボールルーム》ということもあった。この選挙運動の思い出は忘れられない。それこそ政治、ただし古いスタイルの政治だった。後ろの方では運動員たちがツィートをしていたかもしれないが、前の方では私が昔ながらのやり方で、フロックコートを身に纏い演台に立っていた。私たちは偉大な伝統を継承していたのだろうか、それともその葬送の儀式に参加していたのだろうか？

　ステージに立つ私の後ろにはいつも旗が掲げられていた。大きな会場では聴衆に向かって通路が延びていたので、人びとに近づいて、差し出される手を握ることができた。調子の良い夜には――そんな夜がたくさんあったのだが――人びとがただ私の言うことを聞いているだけではない、と感じることができた。彼らは自分たちから前のめりになっていたのである。ある種の共犯関係が私と聴衆の間にはあり、お互いに助け合って同時に次の高みに達しているように感じた。そのときには、演壇を取り払い、ジャケットを脱ぎ捨て、職業上の癖を棄てて上手く話そうなどとは思わず、心の内にあるわが信念の単純な核心を語ろうと努めた。その結果、私たちは一体となり、メッセージが届く張りつめた緊張の一瞬に到達することができたのである。北部の町のすし詰めになったホールでの夜のこと、政府と政府によるわが国の諸制度に対する攻撃的で党派的な侮辱について語っていたとき、私はブルース・スプリングスティーンの歌「廃墟の町」の歌詞を思い出して言った。立ち上がろう《ライズ・アップ》。聴衆が応える。立ち上がろう。皆が一斉に叫ぶ。立ち上がろう。それはどこの集会でも行なわれる掛け声となった。しばらくの間、私たちは波に乗ったと思っていた。

私たちは「支持基盤に働きかけ」、火をつけた。おかげで私たちが必要とするときに彼らは集まってくれたし、投票日が来るまで小切手を送り、電話をかけ、戸別訪問をしてくれた。その頃には、何度も何度も地域に働きかけてきたので、古株を見分けられるようになった。ステージに昇る階段から彼らを指差すと、手を振り返してくれた。後で彼らが回りに集まってくると、私たちが勝利すると信じていると感じられた。彼らがそう感じていたときには、私にもそう感じられた。

選挙運動期間中のある時、モントリオールの『ラ・プレッス』の編集部に政策綱領を説明しに出かけた。影響力のあるコラムニストであるリシアン・ギャノンが話を聞いてから私を見つめて、堂々とした調子で言った。「でもイグナティエフさん、政治は社会事業《ソーシャルワーク》ではありませんよ」。私たちの政策綱領は社会事業なんかではなかった。国民に投資することこそが、新しい大国である中国やインド、ブラジルに先んじる鍵であると考えていたのだ。それこそが中心的な理念だった。不平等を克服し、誰も見捨てられないようにすることで、私たち全員が前に進めるのだ。そして私たちは、私たちがどうなるのかは未来によって決められるのではなく、私たちが未来はどうなるのかを決めることができると信じていた。国民を分断させるのではなく、国民を統合できると信じていた。そのとき見ていたものよりも良い状態で、この国を次世代に手渡せるのだと信じていた。

以前には政治集会に出かけたことがなかった人びとも、私たちの話を聞きにきてくれた。北部の町で、ジーンズとカウボーイハット姿の背の高い、ひどく痩せた六〇歳位の男性に会ったことを覚えている。サドバリーでのことだったと思うが、彼は私が家庭介護計画について話し終えると立ち上がって、聴衆に向かってこう言った。自分は三〇年間トレーラーを運転しているが、妻が何もかも忘れるようになったので仕事を辞めなければならない。妻が家の外を徘徊しないようにする人間は、自分以外にはいないのだ。あんたの計画が実現すると俺は助かる。そう彼は言った。そう信じる、と言って彼は座った。政界にいたときに、これほど自分が正しかったと感じたことはなかった。彼のような国民のためにこそ、私は首相になりたかったのだ。

飛行機には記者団が乗っており、毎日彼らと話したり質問を受けたりしたが、嬉しいことに、選挙運動を棒に振ってしまうような失態を演じないですんだ。若い記者のひとりが後になって、私たちの選挙運動は彼女がジャーナリズムに入って報道したいと考えていたような政治的経験だったと語った。首相は記者団を遠ざけ、ある種の屈従関係に閉じ込めたので、彼らは怯えて元気がなかった。首相は手強い戦略家だが選挙運動家としてはひ弱だったし、彼がポジティブで人を鼓舞するようなことをほとんど語らないことには驚かされた。彼の選挙運動は次から次へと青白い妖怪を呼びだすものだった。

つまり、保守党が政権を取らなかった場合に来るであろう経済破綻、犯罪、移民、外国人、国外移住、見知らぬ人びとの恐怖、未来の恐怖である。私は彼の言うことをまじめに受けとることができなかったのだが、そうすべきであった。彼らは確かにルサンチマンに働きかける方法を知っていた。彼は私の学歴を嘲笑する広告を行なっていた。大学の学位を取得しても、今日では失業者の列に加わることにしかならないかもしれない、と。しかしそれが重要な点ではなかった。重要なことは、一度もまともな教育を受けたことがない人びとに対して、私たちをリベラルのエリートとして描き出すことであり、教育を受けたことがある人びとに対しては、税金をむさぼる偽善者として描き出すことであった。ルサンチマンは説得力を失わせるにはもってこいのものであり、私たちの社会のように不平等な社会にはいくらでもルサンチマンはある。したがって対立する政党が十分な金を使ってそれを掻き立てれば、ルサンチマンはほとんど誰にでも植え付けられるのだ。私は「富を産む人びと」と「職を創り出す人びと」に対する階級闘争をしようとしていたわけではないが、私が知っていた中産階級の家族が徐々にその基盤を失っており、なんらかの助けを受けるべきであると考えていた。ある種の絶望と恐怖はそれに立ち向かうことによってのみ打ち負かすことができるという信念なくして、リベラルな政治というものがあるだろうか？　自立能力を失った親族を家庭で介護することで家族が破綻するというのは間違っている。失業と病気と医療費によって家族が押しつぶされるというのは間違っている。これほど多くの人びとがまともな教育は手に届かないところにあると感じているのは間違っている。

善い国という理念そのものが、こうした善いものはそれを手に入れるために働く人には誰にでも手の届く範囲にあるべきだ、ということを意味している。私たちの主要な思想は、リベラルな政治というものは私たちの共通生活から恐怖を取り除くために存在しているということである。私たちは、少なくとも生活の中でこうした恐怖を経験してきた人びとの理解を得ていると信じていた。

しかし間違っていたのは私の方だ。どれほど心から信じて言ったにせよ、私の言ったことは何の効果ももたらさなかった。今、あの多数の群衆、あの素晴らしい夜を振り返って分かるのは、私たちの声は誰にも届いていなかったということである。わが党はある種の反響室でしかなかった。私たちが聞いていたのは、私たち自身の声だったのだ。私たちは確固たる忠誠、記憶、私たちが達成してきたものへの忠実さに賭けたのだった。私たちの賭けは間違っていたのだ。政治において忠誠はもはや伝統ではない。それは単なる好みの問題であり、瞬きするよりも素早く変わってしまう。私は、わが党の支持基盤は国民の三分の一にのぼると見込んでいた。国民にそれなりの理由を示すことができたら、わが党に投票してくれただろう。実際にはわが党の支持基盤は国民の五分の一にすぎなかった。それが分かったのだ。

わが党には政策と政策綱領が必要だと考えていた。組織と候補が必要だと思った。たとえ勝つチャンスがそれほどない場所にも、少なくとも候補を立てるべきだと考えた。そうではないことが分かった。わが党の候補は結果的に新民主党の若い女性候補に敗れた。彼女は勝つ見込みはほとんどないと思っていたので、選挙運動期間中の何日かをラスベガスでの休暇に使ったのにもかかわらず。

私はあらゆることを四角四面に考えすぎていた。私は自分が選挙をしているのだと思っていた。しかし私たちがやっていたのは、実況中継番組《リアリティ・ショー》のようなものだった。私は中身が大事だと思っていた。だから政策綱領には数字を挙げるべきだと考えていた。それが私たちのやったことであり、相手方のやらなかったことである。それは何の足しにもならなかった。それこそがパラレル宇宙の真実なのだ。私たちは一方の世界におり、対立する政党は別の世界にいる。そして有権者もまた別の世界にいたのである。このことに最初に気づいた者が勝者となり、有権者の世界にまで行き、決定的な九〇秒間に彼らの注目を浴びるのだ。それこそがいつでも私たちの誰もが手に入れようとしているものなのである。対立する政党はそれに最初に気づき、九〇秒を埋めるために、私はただの訪問者だという広告を繰り返し何度も打つことに何百万ドルも費やしたのである。彼らは、永続的な選挙運動という新時代の基本的現実を、私たちよりも良く理解していた。わが党が選挙運動を始めたのは二〇一一年の三月のことである。彼らは二年も早く選挙運動を始めていたのだ。

選挙の最後の週末に、ノヴァスコシア州の田園地帯で議席を死守しようとしていたわが党の議員スコット・ブライソンがこう教えてくれた。彼の支持者である選挙区民の間を走り回ると彼らはこれまでどおり彼に投票したいと思っているのだが、問題は私がアメリカ人であることなのだ、と。毎晩彼らは、テレビでそう聞いていたのだ。

運命《フォルツーナ》が結果に決定的な影響を与えることもある。新民主党党首のジャック・レイトンは選挙の約一年前に前立腺癌と勇敢に戦っていた。最後に庶民院のロビーで会ったときには、彼は青い顔をして、ひどく汗をかき、腰を骨折したばかりだったので松葉杖をついていたが、それでも勇敢な笑いを浮かべていた。選挙が始まると、癌が転移したという噂が流れたが、自分は元気だと新聞と公衆に言い張った。彼は何とか最後の最後まで戦おうと選挙に挑んだが、数週間が経つと、彼は覚悟を決め、その魅力、精力、ユーモア、熱意を一挙に爆発させた。選挙戦の終盤になると、彼は日毎に増え続ける聴衆に杖を振り、聴衆は彼の勇気、生の喜び《ジョワ・デ・ヴィーヴル》、闘争心に惹かれたのであった。彼は長い間庶民院の一員であったので有名な人物であったし、ある種の魔法が働いて一介の政治家から「ジャック」と呼ばれるもうひとりの政治家になったのだ。誰からも愛されるカナダ人であり、癌と直面してきたすべての人にとっての希望の象徴である「ジャック」になったのである。このように選挙運動中に彼が変身したことにはまったく驚かされた。それが可能になったのはひとえに見事な政治的策略のおかげであると言っても、別にそれは蔑《さげす》んでいるわけではない。ケベックで彼は、自分がモントリオール出身であるという事実を、党への圧倒的な支持を得るために使った。その支持は、巧妙にケベック州内とカナダの他の地域では言うことを変えることで、さらに固められていた。ケベックでは、彼はケベック州民が連邦脱退を望むなら単純多数決による決定を受け入れると言った。カナダの他の地域では、彼はたとえ過半数が離脱に賛成しても、さらに交渉が必要だと言っていたのだ。国の地域によって言うことを変えるのは、特に国民統合のような重要問題については、間違っていると私たちは主張した。しかし、そのときには聴衆はジャックに入れ上げており、誰ひとりとして私たちの言葉に耳を傾けようとはしなかったのである。

私たちには逆風が吹いていると分かったのがいつのことだったのか、はっきりとしない。確かに、私の陣営の主席参謀であるピーター・ドノロは選挙前夜の世論調査の結果について知っていたはずだが、私には何も言わなかったし、私も知りたいとは思わなかった。いずれにしても戦略を変えるには遅すぎるし、聴衆がつめかけたホールで支持政党を変えた連中に自分の主張を語るという楽しみを存分に味わったのだ。テレビでふたつの国民的討論がひとつはフランス語で、ひとつは英語で行なわれ、私には分が悪いことに気づいたことを覚えている。振り返ってみると、私たちが模擬討論のリハーサルにうんざりしていたために、基本的戦略を立てるのに失敗したことが分かる。結局のところこの討論こそが、大多数のカナダ人に対して、私がただの訪問者ではない根っからのカナダ人であることを示す唯一のチャンスであり、かなりの魅力と人柄の温かさを披歴する唯一の機会だったのだ。そうする代わりにハーパー氏を容赦なく批判したため、またあの党派的政治の怒りを買うことになった。ジャック・レイトンは三回の全国討論を行なったが、彼のほうが賢明であった。彼は笑顔を絶やさず、自分の出番を狙っていた。そして私がハーパーはデモクラシーを貶めたと非難すると、彼は議論に加わって、私の庶民院への出席記録を取り上げて、得票を増やす運動をしているならば、少なくとも仕事に顔を出すべきであると付け加えた。私が国中で対話集会をしていることを知っていて、一撃を加えたわけである。その後で私がせいぜい覚えていることといえば、隣の控室に戻った首相が歓声に包まれたのを、楽屋で聞いたことくらいだ。ジャックが私を粉砕した見せ物が、保守党にとっては嬉しい知らせだった。しきり壁を通して聞こえるあからさまな歓声が、討論がどのような結末を迎えたか、私が知らなければならないことをすべて物語っていた。

五月一日、私はトロントのホテルのスイートで結果を待っていた。陰鬱な予想が漂っていたが、どうなっているか何も分からなかった。どの専門家にもどうなるか分からなかったからだ。ケベックでは激震が始まっていた。分離主義ブロック・ケベコワの投票数は急落しており、党首ジル・ジュセップはみずからの選挙区で敗北を喫した。ナショナリストの親ケベック派の票は圧倒的にジャック・レイトンの新民主党に流れた。ケベックの有権者は、一九九〇年代の自由党のスキャンダルを許していなかったし、連邦主義の親カナダ派の票もまたジャックに流れた。選挙の最終週に新民主党はケベックで波を起こしたが、そのときには予想どおり新民主党の台頭を恐れる反対の波が起こった。しかし、それによってわが党に票が流れたのではなく、保守党へと向かう波となった。選挙区では相次いで、自由党の票がふたつに割れた。新民主党の票が増えると保守党を後押しすることになり、保守党の票が増えるとわが党からは票が逃げた。わが党は議席を次々と奪われた。呆然としているスタッフと一緒に、私たちの政治の中心であるテレビで私は当選情報を見ていた。わが党は今世紀になってからテレビを通じてその地盤を築いたのだが、一夜にしてそれは崩れ去ったのだ。夜遅くには、私自身も議席を失うことが明らかになった。

夜中には空っぽの舞踏室で、絶望してショックを受けた数少ない人びとを前にして演壇に立っていた。五年間私を支援してくれた人びと全員にお礼を言った。何とか思いついた言葉は——そんな場合に心の準備などできない——、敗北は偉大な師であり、この教訓から学ぼうということだけである。

この敗北によって確かに私は拒絶された——それはなんとかなることだった——が、それ以上のもの、議会の多くの素晴らしい献身的なメンバー、多くの優秀な候補者、一世紀に渡る政治的伝統が拒絶されたことを意味していた。何が起こったかを理解するまでには長い時間がかかることは分かっていた。スザンナと私は敗北の残骸が散らばっている空っぽの舞踏室を横切り、ホテルのスイートに帰った。私は動揺していたが、落ち着いてもいた。これが政治というものなのだと、そう思った。何もかも失うこともあるということを理解しないかぎり、政治が本当はどういうものかを理解することはできないのだ。

翌朝、今でも思い出したい場面があった。良い思い出となる場面である。ホテルのスイートルームを出て、ロビーを横切り、空港行きのバスに乗り込もうとすると、ひとりの人物が外で私たちを待っていた。ターバンを巻いたタクシー会社のオーナーで、五年前、政界入りして数週間後に彼の会社の操車場を訪ねたことがある。彼は最初に会ったときにもそこに立っていたが、この最後の瞬間にも、別の素晴らしい、いつもながらエレガントなターバンを巻いて、そこにいた。しかしこの時バルジット・シカンドの頬には涙がこぼれていた。

# 第九章　タクシー・ドライバーが言うには

スザンナと私はストーノウェイに戻り、滅入りそうな気分で荷物をまとめた。私はかつて見たことのある一枚の写真を思い出した。それは、オーバーオールを着た男たちが、ダウニング街一〇番地の裏口で、荷物を引っ越し用のトラックに運んでいる写真だ。一九七九年、マーガレット・サッチャーがジェイムズ・キャラハンに勝利した後のことである。引っ越し用のトラックの到着は、ひとりの指導者の就任宣誓が国民主権を象徴する一大事であるのと同じくらい、重要な出来事である。今では、引っ越し用のトラックが我が家の裏口にある。国民から荷物をまとめるよう命じられたのだ。かつては我が家のように感じていた空っぽの家で書架から本を引っ張り出していると、わが党の偉大な首相ローリエの肖像画が目で私を追っているようだった。ふたりを例外として自由党のすべての党首が首相になっていた。私は、首相になれなかった三人目の党首になったわけだ。

前日まで、飛行機、警護班、何百人のスタッフ、車と運転手、家に迎えてくれるコックと家政婦、そして何よりも大事な政治的未来があった。その翌日には未来は消え失せていた。私は失業し、国会議員を六年勤めると与えられる年金受給資格には五カ月半足らなかった。箱を詰めながら仕事探しの電話をかけた。三〇年来の友人であるロブ・プリチャードが救援にやってきて、マッセイ・カレッジの学長ジョン・フレイザー、トロント大学学長デイヴィッド・ネイラー、ムンク国際研究スクール長ジャニス・グロス・スタインに電話をかけてくれた。こうして私は昔ながらの生活、人権と政治について教える生活に戻ったわけである。多くの落選した同僚たちにとっては、再出発はもっと厳しいものだった。

ここ五年間車を運転していなかったので、選挙に敗北した翌日に免許証の更新に出かけた。その日に撮った写真には見る影もない人物が写っている。敗北し、陰鬱で、絶望した人間だ。目——私の目——は焦点が合っていない。

パーラメント・ヒルの事務室のデスクを片付け、半数に減ってしまってショック状態の議員たちに別れの挨拶をした。落選した同僚たちに慰めの言葉をかけるのは辛いことだった。彼らの多くは優秀で、献身的な議会メンバーであったが、いまや私と同じようになんとか敗北を受け入れようとしていた。ある者は「帰ってくる」と誓ったが、彼らもそれを信じていないことは分かった。ある者は、自分の人生の一局面が終わったとでも言うように、敗北を静かに認めた。しかし、庶民院にいることをあまりに愛しているがゆえに、私がかつて「リンクラット」〔ホッケーリンクに始終たむろする若者〕と呼んでいた連中にとって議場に別れを告げることがどれほど悲しいことか、見ていて痛いほど分かった。何よりも、彼らの運命に私が責任を感じていたからだ。敗北はまた、森のすべての樹木をなぎ倒してしまう暴風雨のごとき自然災害のように感じられた。多くの議員たちが共通の不運に同情してくれたが、憤慨している議員たちは沈黙を守っていた。数人の議員がやってきて良い選挙運動だったと言ってくれた。非難がほとんどなかったのは、私自身が議席を失うことで失策のつけを払っていたからである。最後の議員集会にはスザンナも出席したが、議員たちは彼女が隅に座って、手に顔を埋めて泣いているのに気づいた。議員は一斉に立ち上がって、彼女に拍手を送った。それを受けるだけのことを彼女はしたのだ。わが党の大義のために彼女ほど働いた者はいない。その後、私は最後のスピーチを議員団にした。友人たちに感謝し、敵には言及しなかった。それからスザンナの手を握って、議会を後にした。

数週間のうちに、敗北という寂しい現実が心に染みこんでいった。分かったことは、元政治家《エクス・ポリティシャン》ほど惨めな元《エクス》はないということである。特に落選した元政治家ほど。電話はぴたりと鳴らなくなった。現役であったときには、自分の地位を甘受できない元政治家たちが、たびたび私の生活を混乱させたものだ。私はたとえ落選しても、たとえ誰が私の代わりに当選しても、その人物についてあれこれ非難めいたことを口にしないくらいの品位は保とうと心に誓っていた。政治の世界を卒業したということは、政治生活がどうにか本当に終ったということであり、そのことをできるだけ早く受け入れたほうが良い。私の運命を決めたのは有権者である。彼らが下した評決を受け入れ、次の仕事に取りかかるのが、私の役目なのだ。

これはまったく、言うは易し行なうは難しである。襲ってくる憂鬱な気分と戦いながら、私は——もちろん、すぐにではないにしてもゆっくりと——敗北の後の心理的難題は自分の適格性を取り戻すことだということを理解した。私の場合には、作家そして思想家としての適格性を犠牲にして政界入りした。そして落選した私は政治家としての適格性を失ってしまった。敗北は政治家としての私を台無しにしただけではなく、作家・思想家としての私も台無しにしたのだ。私は以前の政治家仲間に対しても、新しい大学での同僚に対しても面汚しだった。自分ははたして誰かの役に立つのだろうかと思った。

この自己憐憫の時期は、幸いなことに短かった。敗北には予想もしなかった驚くべき側面があったからだ。五年間私は公衆の視線の中で生活し、すべての視線、一瞥を投票への期待をこめて捉えていた。私は見知らぬ人びとの判断にすっかり自分を委ねる状態に適応していたのだ。彼らが私の未来を決めた今になって、とてつもなく驚いたことに、見知らぬ人びとが私を救出にやってきたのだ。私が党首を務めたことに感謝を表すeメールが党本部に山のように送られてきたので、スタッフはそれを厚い綴じ込みにまとめて私にプレゼントしてくれた。どこに行っても、人びとが集まってきて、まるで病から生還したかのようにおめでとうと言った。彼らの多くは、頑張って良い仕事を、と言った。ある人びとは通りすがりの車の窓から、よくやったと叫んだ。私が思うに、彼らのうちの何人かは私をテレビの実況中継番組で落選したコンテスト参加者か何かと勘違いしていたのだが、ある意味それは真実であった。

人びとは上り坂のときには褒めそやし、下り坂になると叩くものだ、そう私はいつも思っていたが、落選というのはそんなものではない。選挙の一週間後、トロントのマンションに帰って、ドライクリーニングを受け取りに出かけるとき、隣にある消防署の前で消防士が輪になって次の命令を待っているところを通りかかった。彼らは皆集まってきて私の敗戦は残念だったと言ってくれた。タフな戦いだったな、とひとりが言ったので、火事を消すことくらいタフな仕事はないよ、と私は言った。皆で笑った。私たちのアパートの向かい側にあるドライクリーニング店の店主は、ミシェルというヴェトナム人の友人である。日頃、ドライクリーニング代を全額請求したことがなかった彼女はｉＰａｄで韓国ドラマを見ていたが、カウンターの外に出てきて私の肩を抱いた。シーク教徒のトラック運転手はセメント・ミキサーに乗って通りすぎるときに明るく手を振ってくれた。こうした反応から私が確信したのは、政治においては、政治家は嫌な連中で、新聞については口にするのも嫌だが、国民は現実には皆悪くないということである。非常に多くの見知らぬ人びとがやって来て投票したと言うので、なんで落選したのだろうかと考えても無理はない。

もちろん、自分のこととして敗北を受け入れている。送ることのできなかった人生を嘆いている。することのできなかった事を悔やんでいる。ようやく私は、自分が誰のために政治を行なっているのかが分かった今となって、彼らのために何かする機会はまったくないのだということが分かったのだ。悲嘆に暮れた後で、これまでに私が経験したすべての悲嘆がそうであったように、生活がゆっくりとやって来て救いとなる。ありあまるほど時間があることは良いことであるし、本を読み直したりコンサートに出かけたりするのも良い。敗北は明晰さをもたらすとともに解放をもたらす。予想もしなかったときに、自由を取り戻すのである。失敗に対するもっとも驚くべき反応は、ほっとしたことである。

ふたたび本を読み始め、読み進むに連れて知的好奇心の最初の刺激とともに、政治生活の決まりごとによってゆっくりと身体から抜け落ちていた理念への渇望が蘇ってきた。敗北から三週間後、秋学期のための準備を始めた。マッセイ大学の研究室に座って考えるようになったのは、自分が送ってきたような政治生活と、ふたたび教えることになった政治理論の偉大な作品との関係である。

至極当然のことながら、私は世界中の授業で学生の指定図書になっている政治理論の多くは、政治において成功した人びとによってではなく、挫折した人びとによって書かれているということを考えていた。キケローの『義務について』と『弁論家について』〔大西英文訳、二〇〇五年、岩波書店〕は二〇〇〇年間にわたって政治学徒に教えられてきた。これを著したのは、友人に「私はかつて国家という船の甲板に座り梯子に手をかけていた。今では船艙にも私の居場所はない」と書き送った人物である。(1) 執政官の職務を掌握していたこの共和政ローマの聡明な擁護者は、皇帝の暗殺者の手にかかって死を迎えた。マキアヴェッリもまた五〇〇年にわたって政治学の主題となってきたが、彼が『君主論』と『ディスコルシ』を書いたのは、一五一二年に役職から放り出された直後であった。彼は牢獄につながれ、拷問を受け、領地に送還されて排斥と敗北についてじっくりと考えることになったのだ。今となっては彼との深い親しみを感じるのだが、それはマキアヴェッリが友人フランチェスコ・ヴェトーリに書いた素晴らしい手紙を読んだからである。そこで彼が綴るのは、敗北した政治家としての日々、領地で鳥に罠をかけ、森で木を伐り、居酒屋で友人と愚痴を言い合い、夜になると書斎に戻ってかつて宮廷で着ていた礼服に身を包み、今は消えてしまったが慰めとなるローマ古典時代の世界へと没入する日々である。(2) 政治理論の基本文献を書いたもうひとりの偉大な人物であるエドマンド・バークは、思想家としては優れているが、政治家としてはそれほどではないという批判に耐えねばならなかった。彼が一七九〇年に書いた『フランス革命に関する省察』は、革命の熱情に対するもっとも洞察に富んだ保守主義的批判であるが、詩人オリヴァー・ゴールドスミスが書いた政治家についての忘れがたい一節で風刺された。(3)

この世に生まれし者の誰が、彼の心を狭量にせしか
党のために人たる振る舞いを打ち捨て
学識そなえし人が喉振り絞り

票を投ぜよとトミー・タウンシェンドをかき口説く

ジェイムズ・マディソンは、合衆国憲法の批准への公衆の支持を得るために、アレキサンダー・ハミルトンと一緒に『フェデラリスト・ペーパー』〔『ザ・フェデラリスト』（岩波文庫、一九九九年）〕を書いた。歴史上これほど成功し、また強烈な政治的パンフレットはない。しかしマディソンの大統領としての在任期間は、それほどの成功を収めたとは言いがたい。彼はホワイトハウスを逃亡した唯ひとりの大統領であり、その間に首都は一八一二年の戦争で英国軍の手に渡ってしまった。アレクシス・ド・トクヴィルは、普遍的な熱望の文化としてのデモクラシーの最も偉大な観察である『アメリカのデモクラシー』の著者である。彼は一八四〇年代ずっとフランス議会の平議員であり、同僚の国会議員のばかばかしい演説作法について辛辣な言葉を残している。一八四八年の革命の後に短期間だが内閣の一員となったが、一八五一年にはうんざりして政治から引退した。(4) ジョン・ステュアート・ミルは、生涯にわたって代議制統治の偉大な理論家であったかもしれないが、一八六五年から一八六八年の間英国議会の議員として、同僚議員たちの立法能力のなさに苛立ち、二回目の選挙では落選した。(5) ドイツの社会学者で貴族主義的リベラルであったマックス・ウェーバーは、一九一九年の民主党の候補者にノミネートされることも叶わなかった。実践家としての彼は、屈辱と敗北を味わったのだ。理論家である私たちは、毎年彼の作品を学生に対する指定図書としている。

なぜ理論的洞察力をもつ人びとが、これほどまでに政治的失敗にまみれたのだろうか。この問いは、政治的才能に特有なものとは何か、という問題に光を当てることになる。誠実さ、厳密さ、どこまでも思考につきしたがうこと、独創性を求めて透徹した探究を行なうこと——これらはみな理論的追求においては美徳であるが、政治においてははっきりと不利になる。政治においては、口の堅さと偽善が成功に不可欠なのである。このことが意味するのは、先に挙げた理論家たちが失敗したのは、お追従や党規律が要求されても、彼らが口をつぐんでいられなかったからだということである。しかしながら理論家たちにも同様に、成功する政治家と失敗する政治家とを分けるあの最高の美徳がなかったのだろう。それは融通、ずるさ、すばやく運命を認識する力、情勢が変化して以前の真理がもはやそうではなくなったことを見てとる鋭い直観、そして人を指導し、魅了し、奮い立たせる高貴な能力である。

思想家は、行動人にはまったく信用を与えないようなやり口で彼らの評判を傷つけすぎた。伝えられるところによれば、オリヴァー・ウェンデル・ホームズ最高裁判事はフランクリン・ルーズベルトについて、彼には二流の知性しかないが一流の気質はあると語ったそうである。ホームズはルーズベルトを見下していたのである。(6) ルーズベルト自身は、自分がキリスト教徒で民主党員であるということ以外には何の政治理論も持ち合わせていないことを喜んで認めた。しかしいかなる理論家もルーズベルトがやったように現代リベラル国家を創り出すことはできなかったし、大恐慌の苛酷な時代に政治への国民の信頼を取り戻すことはできなかった。行動の才に恵まれた人びとの方では、しばしばもっと思索の才に恵まれた人びとに対する軽蔑を示すことが多い。行動人は、「できる人間が実行し、できない人間が教えるのだ」と言うのを好む。教える人間が歴史を書くということを忘れているのである。

　私がここで挙げたような理論家たちに連なる人物であると自任しているのではないか、そう考えるのであれば、あなたは見当違いをしている。実際の経験から言っても、それについての考察から言っても、私は彼らのような理論家には及びもつかない。私はただ自分にできる慰めを見出しているだけであり、もちろん彼らから学んだことは、――政治における成功を確証するわけではないにしても、――政治における失敗それ自体の権威者、生きた経験から学んだ権威者がいるということである。政治で失敗した人びとは政治を知るための代償を払ったのであり、人生という本物の通貨を払って知識を得た人びとは、それを語る資格があるのだ。

　他の面でも、これらの著作家たちには感銘を受ける。彼らはきわめて特別の経験をした――終焉を迎えた共和政ローマ、独裁政に堕しつつあるフィレンツェ共和国、産まれたばかりのアメリカ共和国、ルイ・フィリップの停滞期のフランス政治、帝国の絶頂期の英国議会、そして一九一八年後のドイツ・デモクラシーという死産児――そしてその特別の経験から政治の本質に関する包括的な考察を引き出したのだ。彼らはすべての政治は地域の特性《ローカル》に根差すものである――言うなれば――政治的戦いの枠組みとなる制度と歴史的文脈によってかたちづくられていることを知っていたが、あらゆる人間の活動の中でも最も高貴かつ厄介な活動である政治、その核心を考え抜こうともしたのである。自分自身の経験という特殊なものの内部に包括的なものを位置づけようとした彼らの戦いのおかげで、彼らは政治の第一線で戦ったすべての人びとに、自分たちが生き抜いてきたものが何かを理解するための語彙を与えたのである。そして政治という職業について深く考える者から見れば、これらの偉大な著作家たちは、これから政治に打って出ようとしている人びとに、政治というゲームのありのままの現実を語ってきたのである。後は、政治に打って出ようとする人がそれに耳を傾けるかどうかだ。

敗北の数週間後、私はピーター・ムンクに礼を言いに行った。金持ちで、私の対立候補に投票したと平気で言うくせに、私の選挙運動に気前よく資金を出してくれた。彼のようなさっぱりとした気性の人間はあまりいない。党派政治が酷くなるにつれて、世界中の気前よさがなくなったのだ。彼は希有な例外である。昼食をとりながら彼は、一九七〇年代に起業した会社——クレアトーン——が破産したときのことについて話した。会社の負債清算の後に、金融街を回りながら、自分の背中に大きな目印がついているように感じていた。その後彼は財産を取り戻して増やしたが、失敗するということがどういうことかをけっして忘れなかった。敗北後の数週間で、私は成功した人びとからどうやって復活すればよいかについて多くのアドヴァイスをもらった。恋愛小説を書け、と不動産開発業者のエルヴィオ・デルゾットは言った。そうすれば人生を変えるだけの金を稼げる。オンタリオ州首相として酷い敗北を味わったことのあるデイヴィッド・ピーターソンは、敗北の良いところは、人びとに地獄に堕ちろと言う権利を取り返したことだと言った。ピーターソンは「愉しく生きることが最高の復讐だ」という格言の生きた見本だが、失敗の痛手から抜け出すのに何年もかかったと付け加えた。身体を酷使するのも効くぞ。木を切り倒し、薮を払い、自分で山小屋を建てるんだ。別の友人は、少なくとも私がこの経験を本にすれば元気づけられると考えた。政界に入ったのは、政治の経験を立派な本にするためではない、と答えた。

一番良く覚えている一言は、タクシー・ドライバーが言った一言で、私に確かに本を書きたいと思わせてくれたものである。タクシーに乗り込むと、彼はバックミラーを引っ張って、私をよく見ようとした。

「あの人だよね？」

「そうだ」私は言った。

「あんたに投票したよ」

「投票してくれた人もいたんだ」

彼は肩をすぼめて言った。「それが政治というもんだ」

まるでこんな風に彼が言ったように聞こえた。「見てみろ、世界とはこういうものなんだ。今まで世間知らずだったんだ。ようやくそれに気づいたんだよ」。話をしてゆくうちに、彼がレバノン出身で、カナダに来てから二〇年になるということを知った。彼はこの国でのデモクラシー政治に関するタクシー・ドライバー特有の洞察力に富んだ理解と、レバノンでの残忍で特定宗派を強要する政治についての冷笑的記憶を併せ持っていた。私は、彼が「政治」という言葉を、生活の形式を決定する意志と機会の厄介な組み合わせとして使っていることに気づいた。たとえば、ある都市でタクシーの営業免許が与えられるそのやり方も、政治なのだ。独裁者が貧しい国を支配しつづけるのも政治であり、レバノンが内戦によって分断されるのも政治であり、彼が言うには、善意の罪のない人びとが殴られるのもまた政治である。料金を払って車を降りるとき、私はどうあっても政治について書きたい、この残忍なゲーム、この運命と意志とのドラマティックな出会い、私と同様に彼をもとらえて離さない憎悪と高貴さについて書きたいと、そう思った。

八月二二日、生涯で最大の政治的勝利からわずか三カ月後、六一歳のジャック・レイトンは自宅で癌のため亡くなった。何千もの人びとに混じって、スザンナと私はトロントのロイ・トンプソン・ホールでの葬儀に参列し、その後憂鬱そうな市民で溢れた通りを歩いて家に帰った。人びとは、苦い運命のアイロニーと折り合いをつけようとしているようだった。私はある女性との会話を覚えている。彼女は、ジャックが選挙運動中に自分の本当の健康状態について明かさなかったという理由で彼を批判するメディアは間違っている、その理由を説明しようとした。「私は癌を生き延びてきました《キャンサー・サバイバー》」と彼女は言った。「言わねばならないことを言いなさい。やり遂げるために信じなければならないことを信じなさい。政治は関係ありません」。私はただうなずくだけだった。

八月の終わりのある日、私はレッドソックスとブルージェイズの試合を見るために、トロントのロジャーズ・センターに出かけた。私は野球のゲームが好きだ。母も好きで、子供時代にはふたりして白黒テレビでゲームを見て愉しい時間を過ごした。退屈なゲームでさえ愛すべき時間である。ぼんやりすることができるからである。ビールの空き缶とホットドッグの包み紙が足元にたまる頃には、政治はとてもスポーツに似ているという考えがわいてきた。同じようにチームプレーがあり、ロッカールームの冗談があり、負けた時の痛みがある。問題は、政治もゲームだと言うが、現実にはそうではないことだ。政治には審判はいないし、いろいろなチームが協力してルールを良くしてゆくわけでもない。政治では、ファウルだとかオフサイドだとか叫ぶこともできない。ほとんど何でもありなのだ。スポーツでは、ルールにしたがってプレーする。政治ではただプレーし、後から勝者がルールを書き直すのだ。

トルストイの『戦争と平和』の素晴らしい一節を思い出した。アンドレイ公爵はボロディノの戦いを前にして、戦争とチェスの違いについて思いを馳せる。チェスではビショップはつねにポーンよりも強いが、戦場ではときには歩兵小隊が中隊に力で勝ることもある。[7] 言い換えれば、戦争にはルールはない――戦略があるだけだ。結果を決めることになる、予測不可能な要素――意志、勇気、チャンス――もある。政治においてもそうであるように思える。技量と意志力の最高の出会い、そして運と機会の力。

とうとう遅い午後の影が球場を覆う頃まで、私はスタンドに座って野球における失敗と政治における失敗の違いについて考え込んでいた。「すべての政治的キャリアは最後には涙をのんで終わることになる」と誰かが言った。それはスポーツにおいても同じである。スポーツにおけるすべての偉大なキャリアは、運動神経、闘争本能、闘志を不思議なことに喪失してしまったという事実を、悲しみとともに受け入れることで終わる。しかし失敗は、すべてのスポーツのキャリアの終わりにあるだけではない。失敗は成功の瞬間にもあるのだ。野球のゲームにおける最も偉大なプレーヤーたちでさえ、一〇回打席に立って三回しか出塁していない。試合の遅いイニングになると、打ち損じた後のバッターが、観衆を見もしないでダグアウトに戻り、ヘルメットを放り投げたりせずに黙り込んで、次は場外ホームランを打てるように自分の身体の動きを頭の中で調整しているのを見ていた。この職人のような野球選手たちに働いている自己規律には感嘆させられた。ゲームが終わり、スタンドが空っぽになるころ、私は選挙に敗北した夜に聴衆の前の演壇に立っていたときのことを思い出していた。がっかりした様子の聴衆がだんだん減って夜の静寂に去ってゆくのを前にして、演壇に立っていた夜のことだ。政治的キャリアを通じてずっと気がついていたことだが、聴衆の中にいてもテレビで見ていたときも、若い男性や女性は、自分も彼のようになるのだ、と考えていただろう。あの若い人びとはまだ存在する。私は彼あるいは彼女が、あの人にはできなかったが、私にはできると考えてほしいと思っていた。今では私は心の底から、なんとか頑張ってほしいと思っていた。私にはできなかったが、あなたにはできる。

私は、引退した政治家であるエリノア・キャプランが言ったことは真実だと気づいた。政治から抜け出すことはできない、と。スタンドに座っているかもしれないが、それでもゲームを見守っているのだ。私は今スタンドにいて、私の世代に取って代わろうと身構えている人びと、それに必要な資質をもった人びと――生まれつき才能ある人びと――を待ち受けているのだ。私を信頼し、私が失敗するのを見た若い男性や女性のために、私はこれを書いているのである。彼らの時代がやって来たときに、彼らが上手くやることができるようにこれを書いているのである。誰のために政治に携わってきたのかを理解するまでに長い時間がかかった。ようやく分かったのだ。何のために政治があるのかを理解するまでに長い時間がかかった。それも今では分かっている。そしてそれこそが、最後に私が語りたいことである。

# 第一〇章　天職

私が語ってきた物語から、読者は誤った結論を導き出すかもしれない。政治とは汚いゲームで、自分とはなんの関わりもないものだと考えるかもしれない。私は、本書を読み終えた読者が、それとはまったく違う考えにたどり着いてほしいと思っている。つまり、政治とは、あなたがもっていると考えていた以上に、自制、判断力、内面的な強さを必要とする高貴な闘争である、という考えである。高貴であるというのは、政治が、ひとつの国民である私たちの共通生活における最善のものを守るための戦いの中で、自分が信じるものを守りながら、他の人びとを動かす闘いだからである。困難であるのは、政治が、変革すべきものを変革し、保存されるべきものを保存し、さらにはそのふたつの違いを知りながらそうすることだからである。

政治という競技場《アリーナ》に足を踏み入れる前に、ベテランから気をつけろ、将来の機会を潰してしまうようなことを言ったり行なったりするな、と言われるだろう。手荷物を増やすなと言われるだろう。私は多くの手荷物を背負って政治の世界に入り、たっぷりとその貨物料金を払ったが、受け身の生活を送るよりも、すっきり料金を支払う方がましである。受け身の生活は、十全に生きた生活ではない。もし深慮を自分のモットーに選ぶなら、気概を示すべきときが到来した際には、勇気は枯れ果てているだろう。政治というものは深慮よりもいっそう多くのものを要求すると確信できる。

あらかじめどんなことが待ち受けているかを知ることはできない。だが現実には、人生において予見能力が欠けているのは天恵なのだ。思いきってやることを恐れてはならない。失敗することを恐れてはならない。失敗は不名誉だという考えから解放されるのなら、失敗してもくじけないだろうし、成功しても増長することはないだろう。成功のために努力しようというのなら、失敗してもどんな言い訳もせず、なによりも運命を平静に受け入れること。自分自身でどうにかすることができる要素——勇気、意志、決断、ユーモア——はつねにコントロールできるが、公共的な競技場に足を踏み入れると自分ではコントロールできない諸力が働く。政治的キャリアは運命の女神フォルツゥーナによって決められているので、彼女が背を向けたとしても運命を呪っても仕方がない。運命をコントロールできると勘違いしてはならない。それこそ傲慢というものなのだ。

政治生活を選びとるということは純粋さ《イノセンス》を捨てることである。つまり、どのような結果になるか分かりもしないのに、そのコストを喜んで払うということである。それは、自分が誰であるかを知ることであり、政治生活が何のためにあるのかについて断固として主張することである。自分を選んでくれた人びとが、あなたは彼らのためにに政界にいるのだと信じてくれないかぎり、成功はおぼつかない。

彼らのために政界にいるのでないのならば、政界にいるべきではないのだ。自分は誰のために政治を行なっているのかを理解するまでには長い時間がかかるだろう。何百もの見知らぬ人びとに出会うことでゆっくりとそれを学ぶのであり、だんだんと彼らの大義を自分のものにしてゆくのである。彼らこそあなたが奉仕する人びとになり、彼らに対してあなたは自分を正当化するのだ。代議士になることは永遠にあなたを変える関係を結ぶことであり、その見返りは大きい。もし彼らがあなたを信頼してくれるならば、どんな困難な時にあっても、彼らはあなたを支持するだろう。

あなたには彼らに忠誠を尽くしてもらう資格があるわけではない。あなたは忠誠を日々勝ちとるのである。それを勝ちとるのは、あなたが言葉どおりの人物であることによって、あなたが彼らの味方であると示すことによってである。彼らと同じ側に立てば、意見が違う場合にも、彼らはあなたを支持するのだ。あなたの信念が嘘偽りのないものであることが分かれば、彼らはあなたを信じて付いてゆくだろう。

市民は、ただ賛成してくれることを求めている人物と、尊敬されることを求めている人物との違いを知っている。成功するためにはいつも人気がある必要はない。市民があなたを好きである必要はないが、彼らから尊敬されなければならない。あなたが高潔な人物であり、自分たちのために働いてくれている、そう信じられていなければならないのだ。

対立候補はあなたにレッテルを貼ろうとするだろう。そしてそれに成功すればあなたを打ちのめすことになるだろう。だからこそ自分の物語をしっかりともたなければならない。あなたが語る物語は、あなたがどのようなコミュニティと国を作り上げたいと思っているかについての物語でなければならない。自分の運命と彼らの運命とを結び合わせ、自分の人生と彼らの人生とを結び合わせ、自分の大義と彼らの大義とを結び合わせる、そんな物語を語らなければならないのだ。あなたは政策と自分の個人的物語を説得力のある語り口に収めなければならない。語られるべき物語は、いかにして共通の生活を強化するか、絶えず私たちの社会を分裂させている不平等、妬み、障壁、憎悪の力に一緒に立ち向かうのか、そしてあらゆる進歩的政治の永遠のテーマを擁護するのかについてである。進歩的政治の永遠のテーマとは、私たちは運命を共にし、互いに正義にかなった生き方をしなければならないということである。共有された運命と正義の物語は国民的物語となるだろう。それは、私たちを市民として結合させているあらゆる共通経験の源泉から生まれ、私たち市民相互の忠誠心と、私たちの制度に対する忠誠心を与えるものである。それは私たちに、今よりももっと善い存在になるべきだと語る物語となるだろう。

対立は政治の本質であり、勝つためには闘士の気概が必要となるだろう。人びとは、自分の守り方も分からないような人物を支持しようとは思わない。もちろん、攻撃されるのは苦痛だが、実際にはそれを個人攻撃と受けとるのは一種の虚栄なのだ。大人になるということは、物事をけっして個人攻撃として受けとらないことを学んでゆくことである。あらゆる手段をつかって自分の名誉と高潔を守れ。けっして個人攻撃によって内面的核心まで揺るがされてはならない。対立する者を満足させてはならない。常に自分の適格性、話を聞いてもらう権利を守れ。

あなたは戦闘に参加しているのも同然であるが、賢明な政治家というものはきれいな一撃と汚い一撃の違いが分かっているものだ。有権者は汚い戦い方をする政治家に投票することもあるだろうが、そういう政治家を好きなわけではないし、あなたは恐怖ではなく尊敬を獲得するために政界にいるのだ。

純粋《イノセント》であろうと思ってはならないが、同時に冷笑的《シニカル》になろうとしてもいけない。有権者は自分たちが何を望んでいるかなど分かってはいないし、気にもしていない、というようなシニシズムに屈してはならない。有権者がどれだけあなたに反対しようと、どれだけ彼らに対する信頼が揺らごうとも、国民の判断への信頼を失わないようにしなければならない。市民が究極的には合理的であることを信じていなければ、デモクラシーを機能させるために必要とされる信頼を手にすることはできない。デモクラシーというものが道徳的特権に値するのは、まさしく、国民の判断を信頼するそれなりの理由があるからなのである。時には国民の評決を受け入れるのは辛いことだが、他にレフリーはいないのだ。

政治を楽しみ、上手くやっていくためには、あなたに投票したか否かにかかわりなく、すべてのひとに仕えていると考えなければならない。政治的現実に強いられてある特定の集団の利益を他の集団の利益よりも優先せざるをえない場合でさえ、あなたが行なった選択の代価を払わされた敗者のことをけっして忘れてはならない。良き政治家であろうとすれば、あなたに地位を与えてくれた国民に対して責任を負わなければならないし、また自分の行動について責任をとるべきなのである。

私たちの時代にあって国民に対するこの信頼は試練に晒されている。世界の少なくとも半分には、権威主義的寡頭政と市場原理とが結合した体制が存在する――中国とロシアが思い浮かぶ。それらの国々はいずれも我らが時代の厄介で、党派的で、分裂したデモクラシー政治よりも、自分たちの政治のほうが優れていると主張している。この理念の戦いにおいて最終的にはデモクラシーの勝利が保証されると考えるに足る理由はない。歴史は自由の味方であり、デモクラシーは息を吹き返したライバルに勝利するだろうという保証はまったくないのだ。この国際的次元からみれば、政治家の責務は国内のデモクラシーを擁護することだけではなく、デモクラシーの美徳を世界中に証明することである。政治という競技場にあなたがいるのは、デモクラシーの美徳が必要としている証明を、言葉ではなく行為で、理論ではなく活動で示すためである。

あなたはデモクラシーの擁護者であり、民衆との信頼関係の擁護者であるが、それと同時に国家の制度の擁護者である。立法府において働くようになれば、その議席を獲得した最初の日に感じた感慨を忘れないようにしたまえ。席に座ったあなたは、この地位に自分をつけてくれたのは普通の人びとの投票なのだということを理解したはずだ。また、制度よりも自分の方が賢いわけではないということを肝に命じるべきだ。制度が存在するのは、あなたをより良い政治家にするためである。伝統を尊敬し、規則を尊敬すべきだ。なかには馬鹿げたものもあるが、それは人民主権と自由を守るデモクラシーに対する尊敬の一部なのである。制度に対する尊敬が意味しているのは、あなたの競争相手をけっして敵としてではなく、対抗する者として遇するという義務を負っているということなのだ。政治は戦争ではない。政治とは、戦争を回避するための唯一信頼できる方法なのだ。デモクラシーは対立する者に対する尊敬という文化がなければ機能しない。政治では、自分自身に対する、属する政党に対する、選んでくれた国民に対する忠誠心だけでなく、国に対する忠誠心も持たなければならない。これらの忠誠心が相互に対立することもあるのだから、国を最優先しなければならない時が到来するということを、あらかじめはっきりさせておきたいと考えるだろう。

忠誠心を一貫したものに保つためには、政治それ自体に対してふさわしい尊敬を払わなければならないだろう。私たちは政治がまるでゲームにすぎないかのように語っているが、ゲームにしてはあまりにも深刻なものだ。私たちが立法者である以上、いつの日にか若者たちを戦いに送り出して死なせることになる投票をしなければならない時も来るだろう。これほど重大な結果をもたらすものであるからには、政治はゲームなどではない。

また、政治は「醜悪な人びとのための見せ物《ショービジネス》」などではない。私が一緒に働いた政治家たちは、二流の有名人になるために政界に入ったのではなかった。彼らはなんとかして人びとに尽くしたいと思っていたのであり、彼らが自分の選挙区のために何を行なったかによって、どれほど見事に成し遂げたかによって判断されたいのである。それこそが重要な判断の基準であり、それによって誠実でありつづけることができるのだ。

政治は専門職でもない。というのは専門職には、伝授することができるような基準と技法《テクニック》があるからだ。政治には技法などいっさい存在しない。政治は科学でもなく、説得、雄弁、妥協を知らない忍耐に支えられたカリスマ的技芸《アート》なのだ。そのすべての要素は日常生活の中で習得することができるが、そのどれひとつとして教室やコンサルタントのオフィスで伝授されるようなものではない。政治はまた着実なキャリアという意味での専門職でもない。政治生活はあっという間に覆されるので、前もって生活の基礎を築いておいて、政治を離れた後に新しい生活を始められるようにしておく必要がある。負ける時の心構えができていることが、誠実でありつづけるための最善の保証なのである。

一九一九年一月、第一次世界大戦での敗北の後の騒然とした街の雰囲気の中で、ミュンヘン革命に昂揚する学生たちにマックス・ウェーバーは講演を行なった。ウェーバーは政治によって生きる人と、政治のために生きる人とを区別した。政治のために生きる人びとのみが、政治が天職であることを理解できる。彼が学生たちに語った最後の言葉は、ここでも繰り返すだけの価値がある。

> 政治とは、情熱と判断力の二つを駆使しながら、堅い板に力をこめてじわっとじわっと穴をくり貫いていく作業である。もしこの世の中で不可能事を目指して粘り強くアタックしないようでは、

およそ可能なことの達成も覚束ないというのは、まったく正しく、あらゆる歴史上の経験がこれを証明している。しかし、これをなしうる人は指導者でなければならない。いや指導者であるだけでなく、――はなはだ素朴な意味での――英雄でなければならない。そして指導者や英雄でない場合でも、人はどんな希望の挫折にもめげない固い意志でいますぐ武装する必要がある。そうでないと、いま、可能なことの貫徹もできないであろう。自分が世間に対して捧げようとするものに比べて、現実の世の中が――自分の立場からみて――どんなに愚かであり卑俗であっても、断じてくじけない人間、どんな事態に直面しても「それにもかかわらず！《デンノッホ》」と言いきる自信のある人間。そういう人間だけが政治への「天職」を持つ〔『職業としての政治』（脇圭平訳、岩波文庫、一九八〇年）一〇五―六頁〕。

政治を天職《コーリング》と考えたまえ、と言いたい。天職という言葉はふつう、僧侶、尼僧、宗教家のために使われる言葉だが、政治のように罪深く世俗的な仕事のために使うとどこかしら心動かされるものがある。まさしく政治の厳しさを捉えているからである。世俗的かつ罪深いものでありながら、同時に誠実で勇敢であることの厳しさをである。あなたは、その傲慢な野心を他者に尽くすために差し出す。あなたが行なう善きことによって野心は償われると期待するのだ。その過程で、あなたはきれいであるはずの目的のために手を汚す。正義と品位という人間の美徳に奉仕するために、狡知と無情という悪徳に手を染めるのだ。政治家が奉仕するのは国民という唯一残された神に対してだけであり、それゆえ国民が下した宣告を受け入れることを学ばなければならないのである。国民の下す宣告は辛く理解しがたいものかもしれないが、私たちの共同生活に関しては、それ以外に政治家が忠誠を尽くす対象はないのだ。

このような政治観を、冷笑家はもったいぶった錯覚だと退けるだろう。しかし私のように、実際に政治に関わった者にとっては、嘘偽りのない真実なのである。これこそが、政治の本性を理解することを可能にする、ありうべき政治の見方である。天職というものは、その本性からして、私たちの手の届かないところにある。天職を与えられた人びとは、自分がそれに値しない人間であることを知っているのだが、それでもなお天職に導かれるのである。だから政治を、案内星のように私たちを前へと、さらに遠くへと導く天職と考えよう。天職に就いた人びとは、天職に就いたという事実に比べれば、成功したか失敗したかはたいした問題ではないということを知っている。私がいま期待しているのは、私よりもずっと固い意志をもち、大胆不敵で献身的な人びとが、政治という天職に就くことである。そうした若い男たち女たちのために、私は本書を書いたのである。

## 原注

### 第一章

（1）Mario Vegas Llosa, *A Fish in the Water*, trnsl. Helen Lane Farrar (New York: PSG, 1994)；Vaclav Havel, *To the Castle and Back*, trnsl. Paul Wilson (New York: Knopf, 2007)；Carlos Fuentes, *Myself with Others* (New York: PSG, 1988)．

### 第二章

（1）拙著 *The Russian Album* (London: Vintage, 1987) を見よ。

（2）George Ignatieff, *The Making of Peacemonger* (Toronto: University of Toronto Press, 1985)，p. 73.

（3）George Monro Grant, *Ocean to Ocean* (Toronto, 1873)；拙著 *True Patriot Love* (Toronto; Penguin, 2009) をも見よ。

（4）W. L. Grant, *Principal Grant* (Toronto, 1903)．

（5）George H. Ford, ed., *The Pickersgill Letters, 1934-1943* (Toronto: Ryerson Press, 1948)；Jonathan Vance, *Unlikely Soldiers: How Two Canadians Fought the Secret War Against Nazi Occupation* (Toronto: HarperCollins, 2008)．

（6）Victor Gruen, *The Heart of Our Cities: Urban Crisis: Diagnosis and Cure* (London: Thames and Hudson, 1965)．

（7）http://youtube.com/watch?v=_E3_z5YPoM.

（8）Pierre Trudeau, *Memoirs* (Toronto, McClelland and Stewart, 1993)；See the illustration, p. 369.

（9）拙著 *The Rights Revolution: The Massey Lectures* (Toronto: Anansi, 1999)〔『ライツ・レヴォリューション――

権利社会をどう生きるか』(金田耕一訳、風行社、二〇〇八年)〕を見よ。

(10) 二〇〇三年三月三日にオタワで開催されたカナダ自由党の二年ごとの政策会議に向けた私の講演“Liberal Values in the 21st Century”を見よ。

第三章

(1) Niccolo Machavelli, *The Prince* (1513), ed. and trasl. David Wootton (New York: Hacket, 1994), ch. 25〔『君主論』(河島英明訳、岩波文庫、一九九八年、一八八—九頁)〕.

(2) マクミランが実際にこの有名な発言をしたかどうかについては、かなりの論争がある。Elizabeth M. Knowles, ed., *What They Didn't Say: A Book of Misquatations* (Oxford: Oxford University Press, 2006), pp. vi, 33.

(3) 拙著 *The Lesser Evil* (Princeton: Princeton University Press, 2004)〔『許される悪はあるのか?——テロの時代の政治と倫理』(添谷育志・金田耕一訳、風行社、二〇一一年)〕を見よ。

(4) 拙著 *Blood and Belonging* (Toronto, Penguin, 1998), p. 123〔『民族はなぜ殺し合うのか——新ナショナリズム6つの旅』(幸田敦子訳、河出書房新社)、一五三頁〕を見よ。

(5) Ibid., p. 146〔前掲邦訳、一七七—八頁〕.

(6)「……拷問がリベラル・デモクラシー国家にとっての絶対的な嫌悪の対象であり続けるべきなのか、またテロとの戦いにおいてけっして規制されたり、黙認されたり、密かに許容されたりするべきではないのかということを理解することができる。それというのは拷問が国家の手によってなされる時、それは人間とは使い捨ての消耗品だという国家の究極的な見解を表現しているからである。この見解は、人間の尊厳と自由の名の下に暴力という強制力をコントロールすることこそが国家の存在理由であるとする、憲法を尊重するいかなる社会の精神にも真っ向から対立するのである」Ignatieff, *The Lesser Evil*, p. 143〔前掲邦訳、二九四―五頁〕.

(7) Ignatieff, *The Russian Album* (London: Penguin, 1997 ed.), epilogue.

(8) Ernest Renan, "What is a Nation?" http://nationalismproject.org/what/renan.htm〔『国民とは何か』(鵜飼哲ほか訳、インスクリプト、一九九七年) 所収〕.

(9) http://www.theatlanticwire.com/politics/2013/02/ed-koch-obituaries/61684/.

(10) http://www.poetrymagnumopus.com/index.php?showtopic=1685. 訳文はスザンナ・ゾハーによって改変された。

## 第四章

(1) Baltasar Castiglione, *The Book of the Courtier* (London: Penguin Classic, 1967), p. 67〔『宮廷人』(清水純一ほか訳、東海大学出版会、一九八七年)、八九―九一頁〕.

(2) Ignatieff, *Blood and Belonging*, p. 212〔前掲邦訳、二五一頁〕.

(3) 保守党の動議は以下のとおり。「ケベック州の住民は統一カナダの内部のひとつのネイションを構成することを、本院は承認するものである」。

(4) Benedict Anderson, *Imagined Communities: Reflection on the Origins and Spread of Nationalism* (New York: Verso, 1991)〔『定本　想像の共同体――ナショナリズムの起源と流行』(白石隆・白石さや訳、書籍工房早山、二〇〇七年)〕.

## 第五章

(1) http://www.elections.ca/content.aspx?section=fin&dir=lea&document=index&lang=e; http://elections.

ca/cntent.aspx?section=vot&dir=faq&document=faqele&lang=e#a15; http://www.fec.gov/press/press2009/20090608PresStat.ahtml; http://opensecrets.org/news/2012/10/2012-electionspending-will-reach6.html.

（2）これは二〇〇六年時点で法律によって規定されたものである。二〇一一年以降ハーパー政権は政党に対する投票数に応じた補助金を徐々に撤廃するとともに献金の上限を切り下げた。

（3）United States Supreme Court "Citizens United v. Federal Election Commission," 2010, http://www.supremecourt.gov/opinions/09pdf/68/08-205.pdf.

（4）www.nytimes.com/2009/08/11/opinion/11tue4.html.

（5）拙著 *Isaiah Berlin: A Life* (London: Chatto, 1998)〔『アイザイア・バーリン』（石塚雅彦・藤田雄二訳、みすず書房、二〇〇四年）〕を見よ。

（6）二〇〇八年四月一三日にトロントのホーリー・ブロッサム・シナゴーグでの私の講演 "Canada and Israel: A Personal Perspective on the Ties That Bind" を見よ。

第六章

（1）Doris Kearns Goodwin, *Team of Rivals: The Political Genius of Abraham Lincoln* (New York: Simon and Schuster, 2005)〔ドリス・カーンズ・グッドウィン『リンカン（上・下）』（平岡緑訳、中央公論新社、二〇一一年）〕.

（2）www.chu.cam.ac.uk/archives/exhibitions/Ottawa_image.php. 187

（3）Amy Gutmann and Dennis Thompson, *Democracy and Disagreement* (Cambridge: Harvard University Press, 1996).

(4) http://www.hillwatch.com/pprc/quotes/parliament_and_cabinet.aspx.

(5) Jane Mansbridge, "A Selection Model of Representation," Kennedy School of Government Research Paper, 2008. See also Hanna Pitkin, *The Concept of Representation* (Berkeley: University of California, 1967).

(6) https://www.gov.uk/government/publications/the-coalition-documentation. See also P. H. Russell, *Two Cheers for Minority Government* (Toronto: Montgomery, 2008).

第七章

(1) http://www.youtube.com/watch?v=eVJ3eSN6MBM.

(2) http://www.yout ube.com/watch?v=ngjUkPbGwAg. See also Drew Westen, *The Political Brain: The Role of Emotion in Deciding the Fate of the Nation* (New York: Public Affairs, 2012), ch. 2.

(3) Barack Obama, "Towards a More Perfect Union" speech, Philadelphia Constitution Hall, March 2008, http://www.youtube.com/watch?v=zrp-v2tHaDo.

(4) 適格性に関する重要な合衆国の判例は Frothingham v. Mellon, 262 U. S. 447 (1923); Fairchild v. Hughes, 258 U. S. 126 (1922); Bond v. United States, 529 U. S. 334 (2000); Allen v. Wright, 468 U. S. at 757 (1984); and Lujan v. Defenders of Wildlife, 504 U. S. at 562 (1992) である。私は、適格性、合衆国選挙法、同領域のカナダ法との比較についてコメントし、示唆を与えてくれたブレント・ケトルズとマイク・パルに感謝する。適格性に関する重要なカナダの判例は、Canadian Council of Churches v. Canada (Minister of Employment and Immigration). [1992] ɪ S. C. R. 236 である。

(5) Sasha Issenberg, *The Victory Lab* (New York: Crown, 2012); Thomas Byrne Edsall, *The Age of Austerity: How Scarcity Will Remake American Politics* (New York: Doubleday, 2012).

（6）逆の見解については、Russell Hardin, *How Do You Know? The Economics of Ordinary Knowledge* (Princeton: Princeton University Press, 2009) を見よ。

（7）私はさらにこの論点について "Rationality in Politics," The Edna Ullman Margalit Lecture at Center for the Study of Rationality, Hebrew University of Jerusalem, January 4, 2013 において論じている。私はとりわけアヴィシャイ・マーガリットとモッシェ・ハルバータルからいただいたコメントに感謝したい。

（8）Drew Westen, *The Political Brain* (New York: Public Affairs, 2008); George Lakoff, *The Political Mind* (New York: Viking, 2008). また、Daniel Kahneman, *Thinking Fast and Slow* (New York: Doubleday, 2012) を見よ。

（9）Abraham Lincoln, First Inaugural Address, March 4, 1861. http://www.nationalcenter.org/LincolnFirstInaugural.html〔「第一次大統領就任演説」（一八六一年三月四日）『リンカーン演説集』（高木八束・斎藤光訳、岩波文庫、一九五七年）、一〇五頁〕.

第八章

（1）http://www.liberal.ca/newsroom/news-release/speakers-announced- for-canada-at-150-rising-to-the-challenge/.

（2）http://www.scribd.com/doc/50397233/Speaker-s-ruling-BRISON- Privilege-Production-of-Document. カナダのある研究基金――サマラ（Samara）は、カナダにおけるデモクラティックな統治を中心テーマにしている。http://www.samaracanada.com を見よ。

（3）Nancy Rosenblum, *On the Side of the Angels: An Appreciation of Parties and Partisanship* (Princeton: Princeton University Press, 2008).

（4）Max Weber, "Politics as a Vocation," in H. H. Gerth and C. W. Mills, eds., *From Max Weber* (New York: Oxford University Press, 1958), pp. 77–128〔『職業としての政治』（脇圭平訳、一九八〇年、岩波文庫）、

一〇五―六頁〕.

(5) Jimmie Maxton, quoted in Bernard Crick, *In Defence of Politics* (London: Weidenfeld and Nicolson, 1992), p. 138〔原文では『政治の弁証』(前田康博訳、岩波書店、一九六九年)となっているが、『現代政治学入門』(添谷育志・金田耕一訳、講談社学術文庫、二〇〇三年、二八頁)の誤りだと思われる)〕.

(6) Carl von Clausewitz, *On War*, ed. Michael Howard and Peter Paret (Princeton: Princeton University Press, 1976)〔『戦争論(上・下)』(篠田英雄訳、岩波文庫、一九六八年)〕.

(7) Amy Gutmann and Dennis Thompson, *The Spirit of Compromise: Why Governing Demands It and Campaigning Undermines It* (Princeton: Princeton University Press, 2012); Arthur Isak Applbaum, *Ethics for Adversaries: The Morality of Roles in Public and Professional Life* (Princeton: Princeton University Press,1999).

(8) Avishai Margalit, *On Compromise and Rotten Compromises* (Princeton: Princeton University Press, 2009).

第九章

(1) Marcus Tullius Cicero, *How to Run A Country: An Ancient Guide for Modern Leaders*, edited and introduced by Philip Freeman (Princeton: Princeton Univeristy Press, 2012), xi〔「義務について」高橋宏之訳(『キケロ選集9』(岩波書店、一九九九年)所収、一二七―一三九頁)〕.

(2) Niccolo Machiavelli, *Selected Political Writings*, ed. and transl. David Wootton (Cambridge: Hackett, 1994), pp. 1–4〔『君主論』(河島英昭訳、岩波文庫、一九九八年)、一三頁〕.

(3) Edmund Burke, *Stanford Encyclopedia of Philosophy*: http://plato. stanford.edu/entries/burke/〔『フランス革命についての省察(上・下)』(中野好之訳、岩波文庫、二〇〇〇年)〕.

(4) Alexis de Tocqueville, *Lettres choisies, Souvenirs, 1814–1859* (Paris: Gallimard, 2003)〔『アメリカのデモク

ラシー（全四冊）』（松本礼二訳、岩波文庫、二〇〇八年）〕.

（5）John Stuart Mill, "Considerations on Representative Government," ch. V〔『代議制統治論』第五章（水田洋訳、岩波文庫、一九九七年）〕, in J. S Mill, *On Liberty and Other Essays*, ed. John Gray, (Oxford: Oxford University Press, 1991)〔『自由論』（山岡洋一訳、光文社古典新訳文庫、二〇〇六年）、『同』（斎藤悦則訳、二〇一二年）〕.

（6）Louis Menand, "How the Deal Went Down," *New Yorker*, March 4, 2013を見よ。Isaiah Berlin, "President Franklin Delano Roosevelt," in *The Proper Study of Mankind: An Anthology of Essays*, ed. Henry Hardy and Roger Hausheer (London: Chatto and Windus, 1997), pp. 628-37〔『時代と回想』バーリン選集４（福田歓一・河合秀和編、岩波書店、一九八三年）所収、三七―五三頁〕をも見よ。

（7）Leo Tolstoy, *War and Peace*, transl. Richard Pevear and Larissa Volokhonsky (New York: Vintage, 2007), Book 10, ch. XXV〔『戦争と平和（全六冊）』（第三部第二篇二五章、藤沼貴訳、岩波文庫（第四巻）、二〇〇六年、四三六―七頁）〕.

「でも戦争は将棋《チェス》の勝負のようなものだって言うじゃありませんか」

「うん」アンドレイは言った。「ただちょっとした違いがあるよ。それは将棋では一手ごとに好きなだけ考えることができて、時間の条件に縛られない。それにこういう違いもあるね、ナイトは必ず兵卒《ポーン》より強いし、ポーン二つはポーン一つより強い。しかし、戦場では大隊一つの方が旅団よりも強いこともあれば、中隊より弱いこともある。いろいろな部隊の相対的な力は、だれにもわからないんだ。本当なんだよ」彼は言った。「何かが司令部の指図に左右されるのなら、僕は司令部にいて指図しているけどね。そうしないで、僕は光栄なことにこの連隊に、この諸君といっしょに勤務していて、本当にあすの運命を決めるのは僕たちで、司令部の連中じゃないと思っている……勝利を決めたのは、またこれからも決めるのは陣地でもなければ、装備でもない、兵隊の数でさえもない。とくに陣地はいちばん関係がない」

「じゃ、いったいなんです?」

「気持ちだよ、僕のなかに、この男のなかにある」彼はチモーヒンを指さした。「ひとりひとりの兵隊のなかにある」

## 第一〇章

(1) Max Weber, "Politik als Beruf" ("Politics as a Vocation"), in Gerth and Mills, eds., *From Max Weber* (New York: Oxford University Press, 1958), p. 128〔マックス・ウェーバー『職業としての政治』(脇圭平訳、岩波書店、一九八〇年)、一〇五—六頁〕. Max Weber, *Political Writings*, eds. Peter Lassman and Ronald Speirs (Cambridge: University Press, 1994); Fritz Ringer, *Max Weber: An Intellectual Biography* (Chicago: University of Chicago Press, 2004); Terry Maley, *Democracy and the Political in Max Weber's Thought* (Toronto: University of Toronto Press, 2011) をも見よ。

# 訳者あとがき

本書はMichael Ignatieff, *Fire and Ashes: Success and Failure in Politics* (Cambridge, Massachusetts: Harvard University Press, 2013) の全訳である。装丁を異にするものとして*Fire and Ashes: Success and Failure in Politics* (Toronto: Random House Canada 2013) がある。邦訳書名は『火と灰――アマチュア政治家の成功と失敗』とした。この原著のタイトルの由来は、本書でもっとも印象的な次の一節に言い尽くされている。

「灰はつまらない残りものだが、それなりの使いみちがある。私の父と母は我が家の西向きの壁に沿ったバラの肥料にするために、暖炉の灰をバラの根元に敷き詰めたものだった。両親はとうに亡くなったが、毎年夏になり彼らが丹精したバラが咲く頃になると、私が今でも冷え切った火から灰をかき集めてバラの根元に敷き詰めているからだと考えるのが好きだ。

私の経験という灰が、誰かの庭の肥料として混ぜ込まれるのを、私は希望している。政治という闘技場での五年間から私が学んだものが、次のような人びとに向けて語りかけることを、私は希望している。かつての私のように、通学の途中に独り言のようにささやかなスピーチをし、政治的栄光を夢見た子供が、成人して子供時代の夢を実現することになった、そのような人びとに向けてである。政治を愛する——私が今でもそうであるように——者は誰でも、他者が自らの夢のために生きるのを励ましたいと思っているが、それと同時に、他の人たちには私よりもしっかり準備して政治の争いに加わることができるよう、力になりたいとも思っている。私はそういう人びとに、成功するとはどういうものなのかを知って——感じて——欲しいが、失敗するとはどういうものなのかも知って欲しい。そうすれば、成功と失敗の両方を恐れることがなくなる」（本訳書、四—五頁）。

著者イグナティエフの経歴などについては、すでにいくつかの翻訳書において説明されている——本書自体がハーバード大学教授の職を辞して、カナダ自由党の連邦議会議員に当選して以降、カナダ自由党党首として連邦議会総選挙に大敗北するまでの経緯を語っている——ので、ここでは彼が二〇一四年七月以降ハーバード大学ケネディ・スクールの「Edward R. Murrow Professor of the Practice of the Press, Politics and Public Policy」の職にあることを記すにとどめる。最近の論説としては以下の二点がある。

Foreword by Michael Ignatieff in: Isaiah Berlin, *The Hedgehog and the Fox* (Princeton and London:

Princeton University Press, 2013)〔『ハリネズミと狐』（河合秀和訳、岩波文庫、一九九七年）. ただし本書にはイグナティエフの「序文」は収録されていない〕。

"The New World Disorder", in: *The New York Review of Books*, September, 25, 2014〔本書でも「ウクライナ系住民」との確執が言及されているが、本論説はウクライナにおける独立派と親ロシア派との対立を論じたものである〕.

＊　＊　＊

ところで彼の数ある著作のなかでも本書は異彩を放っている。ちなみにこれまでに出版された著書は以下のとおりである（小説、編著を除く）。

① *A Just Measure of Pain: The Penitentiary in the Industrial Revolution 1750-1850*, New York: Pantheon, 1978.

② *The Needs of Strangers*, London: Chatto and Windus, 1984〔『ニーズ・オブ・ストレンジャーズ』（添谷育志・金田耕一訳、風行社、一九九九年〕.

③ *The Russian Album*, Toronto: Viking, 1987

④ *Blood and Belonging: Journeys into the New Nationalism*, London: BBC Books, 1993.〔『民族はなぜ殺し合うのか――新しいナショナリズム6つの旅』（幸田敦子訳、河出書房新社、一九九六年）〕

⑤ *The Warrior's Honor: Ethnic War and the Modern Conscience*, London: Chatto and Windus, 1998〔『仁義なき戦場——民族紛争と現代人の倫理』（真野明裕訳、毎日新聞社、一九九九年）〕.

⑥ *Isaiah Berlin: A Life*, London: Chatto and Windus, 1998〔『アイザイア・バーリン』（石塚雅彦・藤田雄二訳、みすず書房、二〇〇四年）〕.

⑦ *Virtual War: Kosovo and Beyond*, London: Chatto and Windus, 2000〔『ヴァーチャル・ウォー——戦争とヒューマニズムの間』（金田耕一・添谷育志・高橋和・中山俊宏訳、風行社、二〇〇三年）〕.

⑧ *The Rights Revolution*, Toronto: House of Anansi Press, 2000〔『ライツ・レヴォリューション——権利社会をどう生きる』（金田耕一訳、風行社、二〇〇八年）〕.

⑨ *Human Rights as Politics and Idolatry*, Princeton and Oxford: Princeton University Press, 2001〔『人権の政治学』（添谷育志・金田耕一訳、風行社、二〇〇六年）〕.

⑩ *Empire Lite: Nation Building in Bosnia, Kosovo and Afghanistan*, London: Vintage, 2003〔『軽い帝国——ボスニア、コソボ、アフガニスタンにおける国家建設』（中山俊宏訳、風行社、二〇〇三年）〕.

⑪ *The Lesser Evil: Political Ethics in an Age of Terror*, Edinburgh: Edinburgh University Press, 2005〔『許される悪はあるのか？——テロの時代の政治と倫理』（添谷育志・金田耕一訳、風行社、二〇一一年）〕.

⑫ *True Patriot Love: Four Generations in Search of Canada*, Toronto: Viking, Canada, 2009.

これらの著作は英国における刑務所改革の歴史（①）に始まって、他者の思考や行動、民族紛争や

「同時多発テロ」のような歴史的事件の現場を観察し、それらに触発されて自らの思索を深めてゆくもの（②、④、⑤、⑥、⑦、⑧、⑨、⑩、⑪）、自らの家族の来歴を探求するもの（③、⑫）に大別できる。本書が異彩を放っていると述べたのは、ほかでもない。本書はイグナティエフ自身の思考と行動を彼自身が省察するものだからである。彼が「習作的自伝というよりも、分析的回顧録の色合いが強い」（本訳書、四頁。傍点は添谷）と述べているのは、そういう意味なのだ。そこでは彼自身の実体験が、森有正の言う意味での「経験」にまで昇華されている。読者は彼の「経験」に寄り添うことによって、「政治」あるいは「政治家」についてのさまざまな洞察を得ることができる。

「回顧録」という表現から、たとえば功なり名を遂げた大政治家の自伝――本書にも登場するビル・クリントン『マイライフ――クリントンの回想（上・下）』（楡井浩一訳、朝日新聞社、二〇〇四年）のような――を期待する読者は裏切られるであろう。もちろん政治家の回顧録にも、デイヴィッド・ブランケットの『晴れた日には希望が見える――全盲の大臣と4頭の盲導犬』（高橋加奈子訳、朝日新聞社、一九九八年）のような優れた著作もある。また私が愛読しているクレメント・アトリー『アトリー自傳――英國労働党と私（上・下）』（和田博雄・山口房雄訳、新潮社、一九五九年）は原書のタイトル（As It Happened）がしめすように、「生まれて以後、学校生活、党活動、軍務、議会活動、戦後の首相をへて再び野に下るまで、即ち一九五三年までのことを「事実のままに（As It Happened）」叙述したものである」（下巻、二九五頁、表記を一部改変）。イグナティエフの「分析的回顧録」がこれらの作品と決定的に異なる点は、彼が政治の世界における実体験を「事実のままに」叙述しただけのものではないところにある。

本書の特色はなによりも彼が政治の世界で体験したことを「事実のままに」叙述した部分、その事実についての彼の考察、さらには政治の世界で自己分裂を余儀なくされる自分自身を冷徹に凝視する自分……が重層的に存在することである。それに応じて彼の語り口も「記録者」、「ジャーナリスト」、「政治学者」、「精神分析者」などなどとまるでカメレオン――これ自体が政治家の定義でもある――のように自在に変貌している。それを通じて私たちはシュテファン・ツワイクが『ジョゼフ・フーシェ――ある政治的人間の肖像』（高橋禎二・秋山英夫訳、一九七九年、岩波文庫）で描いたような、いわば「政治的人間の生態学」を手にすることができるのである。ツワイクによれば同時代の人びとの目には、フーシェは「生まれながらの裏切者、いやしむべき陰謀家、のらりくらりした爬虫類《はちゅうるい》的人物、営利的変節漢、下劣な岡引《おかっぴき》根性、浅ましい背徳漢等々」（同書、三頁）と映じたのであった。本書に登場する政治家のなかにも、このような性格を見いだすのはいとも容易だろう。

かといって「火と灰」といういささかミステリアスな書名から、マイケル・ドブス『ハウス・オブ・カード』（伏見威蕃訳、角川文庫、一九九〇年）やジェフリー・アーチャー『めざせダウニング街10番地』（永井淳訳、新潮文庫、一九八五年）のような、あるいはケヴィン・スペーシー主演のTVドラマ『ハウス・オブ・カード――野望の階段』のようなポリティカル・サスペンスを期待する読者もまた裏切られるだろう。素人政治家イグナティエフが飛び込んだ「政界」という世界は、「変節」や「野望」、「虚偽」や「虚栄心」が渦巻いてはいるが、血なまぐさい事件が起こるわけではない。

もう一点本書の特色は、「私はいつでも政治の世界に転身した知識人たち――ペルーのマリオ・バルガス・リョサ、チェコ共和国のヴァーツラフ・ハヴェル、メキシコのカルロス・フェンテス――を称賛してきたが、彼らの多くが失墜したことを知っていた。いずれにせよ厳密には彼らの仲間ではなかった」と述べられていることである（本訳書、二一―三頁）。「政治の世界に転身した知識人たち」の成功と挫折を描いたものとしてはマーク・リラ『シュラクサイの誘惑――現代思想における無謀な精神（*The Reckless Mind: Intellectuals in Politics*）』（佐藤貴史・ほか訳、日本経済評論社、二〇〇五年）がある。だがイグナティエフにはそこで描かれているような――プラトンにはじまりジャック・デリダに到る知識人たち抱いた――屈託はいっさい存在しない。六八年世代として「知識人の政治的責任」や「政治参加《アンガジュマン》」などの実存主義的テーマを知らないわけではない彼――現に同年代に属するトニー・ジャットは『知識人の責任――ブルム、カミュ、アロン』（土倉莞爾ほか訳、晃洋書房、二〇〇九年）を書いている――が、知識人として政界に入ることになんの倫理的躊躇いもなく、それが「無謀な精神（The Reckless Mind）」だとも見なしていないことは特筆すべきことだろう。リラの著書のタイトルはチェスエワフ・ミウォシュ『囚われの魂（The Captive Mind）』（工藤幸雄訳、共同通信社、一九九六年）に由来していると思われるが、イグナティエフにも政治の世界に「囚われる」ことへの恐怖ともいうべき瞬間が描かれてはいる。たとえば次の一節がそうだ。

「連邦議員としての最初の選挙に勝利して議員宣誓を済ませてから八週間後に、私はカナダ自由党の党首選に立候補すると宣言した。私にはこれから九カ月に及ぶ大陸横断の選挙戦が待っていた。そして全国のいたるところに、またこれまでその存在すら自覚しなかった私の内面の場所へと導かれることになるのである」（本訳書、六四―六五頁）。

彼は遊説のためにカナダ国中を旅しただけではなく、他の政治家、選挙民、ジャーナリストなど相手に応じてさまざまに変容する「私の内面の場所」へも旅したのであった。私が「自己分裂を余儀なくされる自分自身」と述べたのはそういう意味においてである。彼の「内面」への旅にはライオネル・トリリングの古典的名著『〈誠実〉と〈ほんもの〉――近代自我の確立と崩壊』（野島秀勝訳、筑摩書房、一九七六年）さえも彷彿させる洞察に満ちている。たとえばトリリングはこう書いている。

「自我を演出し、自分自身を社会の舞台の上に登場させるこの営みにおいて、誠実自体が奇妙な妥協的な役割を演じているのである。社会は誠実な存在として自らを演出登場させることを要求しているが、この要求をもっとも効果的に満足させる方法は、私たちが実際に誠実であり、社会に知ってもらいたいと望む通りの人間であるようにとりはからうことだ。要するに、私たちは自分自身である役割を演じ、誠実な人間の役を演技するわけだが、その結果私たちの誠実はほんものではないという判決が下されるとしても、それは覚悟していなければなりますまい」（同書、二〇頁）。

シェイクスピアの「グローブ座」に掲げられた「この世は舞台、ひとはみな役者（Tolus mundus agit historionem）」という言葉以来、近代人は社会という舞台のうえで、どのようにして「誠実」と「ほんもの」を両立させるかを探求してきた。政治という世界はいわば社会という舞台のうえの舞台であり、政治家はその舞台のうえで期待される役割を演ずる役者なのだ。このような世界において「ほんもの」の自分を喪失することなく、「誠実」であることがどれほど困難なことであるかは、想像に難くない。イグナティエフはその困難さを自覚し、それをかなりの程度克服しているように思われる。政治家を志したひとりの男の「成功と失敗」を描きながら、本書には自慢話や愚痴のたぐいはいっさい見当たらない。読後感として私たちに訪れるのは一種の「爽快さ」、「潔さ」なのだ。

本書を訳しながら、とくにイグナティエフが選挙民に訴える「物語」として「放蕩息子の帰郷」に思い当る部分を訳しながら思い浮かんだのは、故新井将敬氏の『エロチックな政治——生きるため死ぬための言葉』（マガジンハウス、一九九四年）だった。氏はこう書いている。

「誰でも人間は、物語なくしては生きることはできない。

福田恒存は、『人間・この劇的なるもの』の最初を、サルトルの小説からの引用をまじえて、「特権的条件」と名づけるひとつの型の説明から始める。「現実の生活では、主役を演じることができぬ。……端役でも、それが役であればいい。なにかの役割を演じること、それが、現実の生活では許されないのだ」そして「劇的に生きたいというのは、自分の生涯を、あるいは、その一定期間を、一種の芸術作品に仕たてあげたいということにほかならぬ」。

しかし、そうしたひとつの型としての生の夢想は、死の意識によって、裁断されていなければならないことは当然である。無限につづいていく生の観念の中には、いかなる特別な物語もないからである」(同書、五八頁)。

さらに氏はこうも述べている。

「恋愛は精神的であると同時に肉体的なものである。……恋愛は生の称揚、支配、暴力、そして死、というサイクルを描くではないか。／そう考えれば、恋愛が政治(クラウゼヴィッツは、戦争は政治の延長であるといっている)のサイクルと全く類似していることに気づくだろう。／恋愛は密室における政治であり、政治は公の場における恋愛である」(同書、一四―一五頁)。

読書家であった新井氏の心を過《よ》ぎったのは、わが国のもっとも定評ある政治学教科書における「しかし、神と動物の中間にあって、上昇と下降の不断の緊張に生きなければならない人間は、人間であるがゆえに「政治」を必要とする。それは、あたかも性の世界における恋愛（love）が自由人の唯一の答えであるように、政治（politics）は、暴力の世界における自由人の最後の言葉なのである」（篠原一・永井陽之助編『現代政治学入門〔第二版〕』（有斐閣、一九八四年）、二頁）という一節だったかもしれない。そして政治の要諦がなによりも「身体的接触」をつうじての人心の掌握であることを強調するイグナティエフもこの考えに同意するであろう。わが国の政界から「知性」というものが失われてからどれほどの時間が経過したことだろう。新井氏が存命中であれば、まっさきに本書を読んで欲しかった。あまりにも早すぎるその死を心から悼む。

＊　＊　＊

翻訳の手順について若干述べておく。二〇一三年五月に出版社から送られてきた最終稿（Final Draft）を基に翻訳に着手し、その後単行本が出版されて以降は冒頭に述べた「ハーバード大学出版局」版を基に翻訳を進めた。「謝辞」および「第一章」から「第五章」までを添谷が、「第六章」から「第一〇章」までを金田が担当し、お互いの草稿を見直し最終稿を作成した。校正の段階でも相互にチェックしながら用語や人名、地名などの統一を図った。『ライツ・レヴォリューション――権利社会をどう生きるか』の翻訳をとおして、カナダの政治、社会に通暁している共訳者の金田先生の豊富な知識がなければ、翻訳はもっと難航していたことだろう。『ニーズ・オブ・ストレンジャーズ』以来、心強い共訳者を得られたことにあらためて深く感謝する。また例によって最初の読者として本書の題名や訳文について適切な指摘をしてくれた、私の連れ合いの陽子にも感謝の言葉を捧げたい。本当にありがとう。

最後に風行社の犬塚さんと伊勢戸さんには、初校、再校のたびに赤字でいっぱいになる原稿を丁寧に読んでいただいたことに深く感謝する。本訳書が経営上の負担にならないことを念願して止まない。

二〇一四年一二月

訳者を代表して
添谷育志

［訳者紹介］

添谷育志　1947年生まれ。明治学院大学法学部教授。
専攻：政治学・政治理論。

金田耕一　1957年生まれ。日本大学経済学部教授。
専攻：政治学・政治理論。

**火と灰——アマチュア政治家の成功と失敗**

2015年2月10日　初版第1刷発行

著　者　マイケル・イグナティエフ
訳　者　添谷育志／金田耕一
発行者　犬　塚　　満
発行所　株式会社 風 行 社
〒101-0052 東京都千代田区神田小川町3−26−20
Tel. & Fax. 03-6672-4001
振替 00190-1-537252
印刷・製本　中央精版印刷株式会社
装　丁　坂口　顯



ISBN978-4-86258-077-1